「次はどう動く？」

バスケットボール脳を鍛える
プレー問題集

辰巳出版

はじめに

本書は読者の皆さんの思考を刺激することを目的に編まれました。１８９１年12月21日に行われた最初のバスケットボールのゲームでは、たった13条のルールしかありませんでした。しかし、その後ルールが追加され、現在のルールは50条で構成されています。また、現在でも毎年のようにルール改正が行われています。そして、今後もルール改正は行われることでしょう。ルールはバスケットボールそのものであり、ルールが変わり続けているということは、バスケットボールが変化し続けているともいえるでしょう。最初のゲームから変わらず、３・０５ｍの高さに床と並行に設置されたゴールも、もしかするともっと高くなるかもしれませんし、ボクシングや柔道のように階級性が導入されることもあるかもしれません。実際に、１９４０年の幻の東京オリンピックが開催されていたら、現在のバスケットボールには身長による階級性が用いられていた可能性があります。また、日本では２０１４年に日本バスケットボール学会が設立され、バスケットボールを対象とした研究が加速し、新たな知見が蓄積されています。このようにバスケ

ットボール自体が変化し続けており、新たな知見が日々蓄積されていることから、オフェンスやディフェンスに関する考え方も日々変わり続けています。したがって、本書では現時点で我々が正しいと考える回答をあげました。また、戦術は目的、スキル、状況に依存します。しかし、本書で設定できる問題の目的、スキル、状況は限られます。したがって、本書の回答は正答例であり、絶対解にはなり得ません。チームの目的がこうだったら、このポジションのプレーヤーの体格がこうだったら、このプレーヤーがディープスリーを高確率で決められたら、ダンクができたらなど様々な設定によって回答は変わるでしょう。設定によっては正答例が否定されることもあるかもしれません。そのため、まず問題に対して様々な設定で納得解を導き出し、その後、正答例を批判的に読み進めることにより、本書の目的は達成されることでしょう。それでは、一緒に思考を刺激するシーズンへと突入しましょう。

安齋竜三
小谷 究

本書の見方・使い方

本書は「プレーのセオリー」や「状況の考え方」を、設問と回答から学べるように構成しています。４ページで１セットになっていますので、ここでは各ページの要素を紹介します。

SITUATION

各プレーヤーの動きや特徴、状況を図で示しています。

QUESTION

設問です。状況、ディフェンスやオフェンスの状況やプレーヤーの特徴を踏まえた内容になっています。

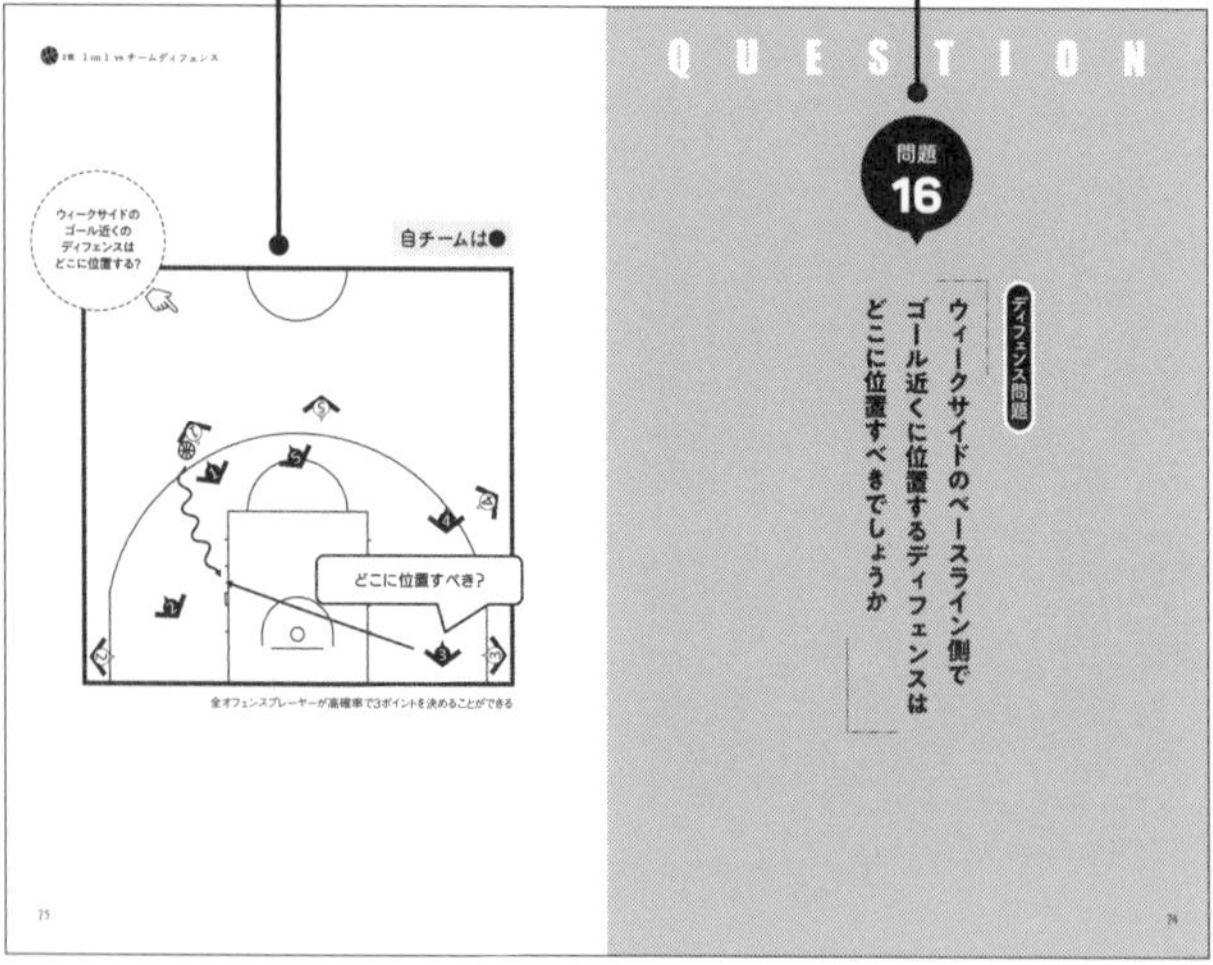

凡例

- → プレーヤーの動き
- ⇢ パス
- ⊣ スクリーン
- 〜→ ドリブル

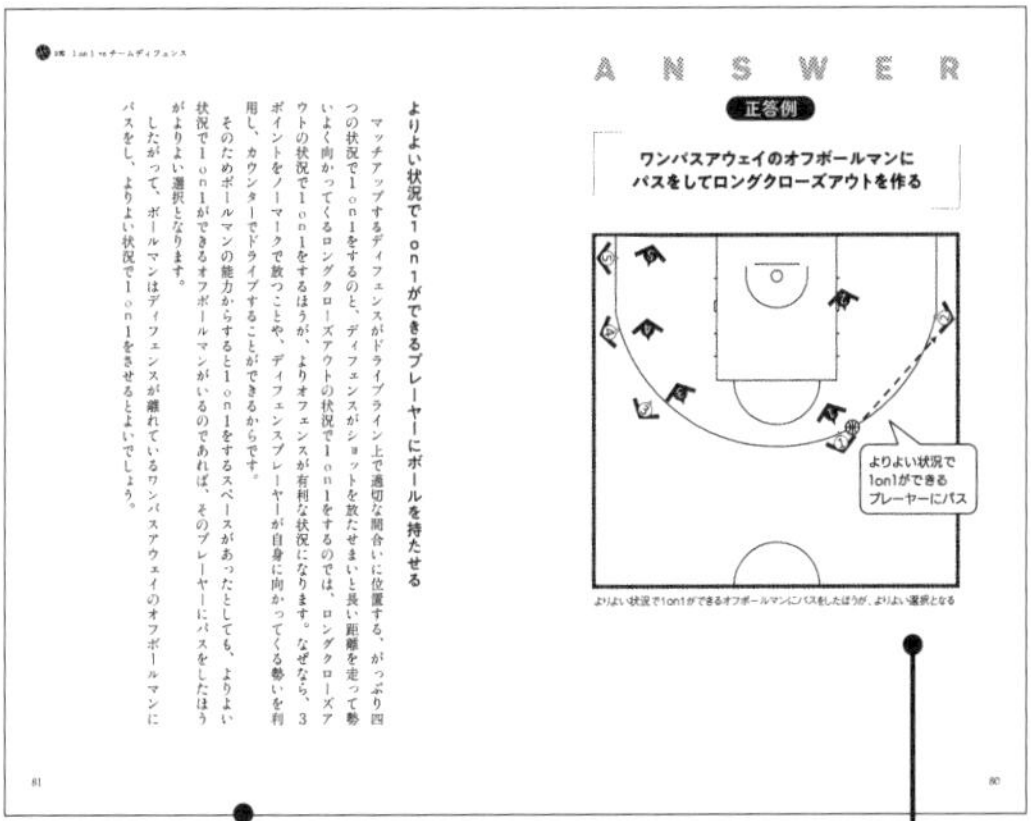

1on1 vs チームディフェンス

ANSWER

正答例

ワンパスアウェイのオフボールマンにパスをしてロングクローズアウトを作る

よりよい状況で1on1ができるオフボールマンにパスをしたほうが、よりよい選択となる

よりよい状況で1on1ができるプレーヤーにボールを持たせる

マッチアップするディフェンスがドライブライン上で適切な間合いに位置する、がっぷり四つの状況で1on1をするのと、ディフェンスがショットを放たせまいと長い距離を走って勢いよく向かってくるロングクローズアウトの状況で1on1をするのでは、ロングクローズアウトの状況で1on1をするほうが、よりオフェンスが有利な状況になります。なぜなら、3ポイントをノーマークで放つことや、ディフェンスプレーヤーが自身に向かってくる勢いを利用し、カウンターでドライブすることができるからです。

そのためボールマンの能力からすると1on1をするスペースがあったとしても、よりよい状況で1on1ができるオフボールマンがいるのであれば、そのプレーヤーにパスをしたほうがよりよい選択となります。

したがって、ボールマンはディフェンスが離れているワンパスアウェイのオフボールマンにパスをし、よりよい状況で1on1をさせるとよいでしょう。

81　80

TEXT

「正答例」の理由や状況を補足する内容です

ANSWER

設問に対する答えの例である「正答例」になります

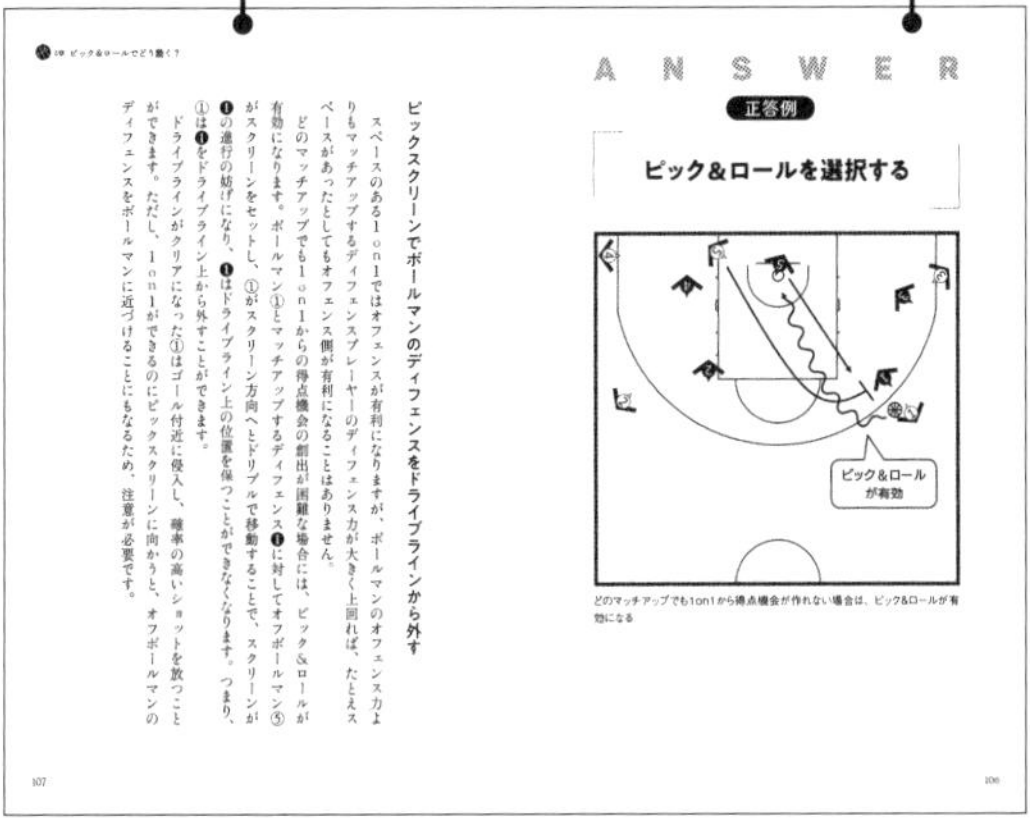

ピック&ロールでどう動く？

ANSWER

正答例

ピック&ロールを選択する

どのマッチアップでも1on1から得点機会が作れない場合は、ピック&ロールが有効になる

ピックスクリーンでボールマンのディフェンスをドライブラインから外す

スペースのある1on1ではオフェンスが有利になりますが、ボールマンのオフェンス力よりもマッチアップするディフェンスプレーヤーのディフェンス力が大きく上回れば、たとえスペースがあったとしてもオフェンス側が有利になることはありません。

どのマッチアップでも1on1からの得点機会の創出が困難な場合には、ピック&ロールが有効になります。ボールマン①とマッチアップするディフェンス❶に対してオフボールマン⑤がスクリーンをセットし、①がスクリーン方向へとドリブルで移動することで、スクリーンが❶の進行の妨げになり、❶はドライブライン上の位置を保つことができなくなります。つまり、①は❶をドライブライン上から外すことができます。

ドライブラインがクリアになった①はゴール付近に侵入し、確率の高いショットを放つことができます。ただし、1on1ができるのにピックスクリーンに向かうと、オフボールマンのディフェンスをボールマンに近づけることにもなるため、注意が必要です。

107　106

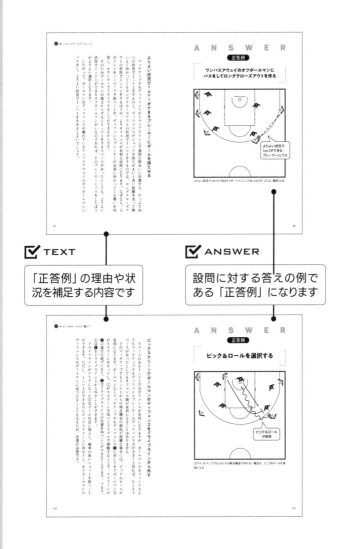

第1章

1on 1でどう動く?

QUESTION

問題
1

オフェンス問題

「ショットの成功率が最も高くなる位置はどこでしょうか？」

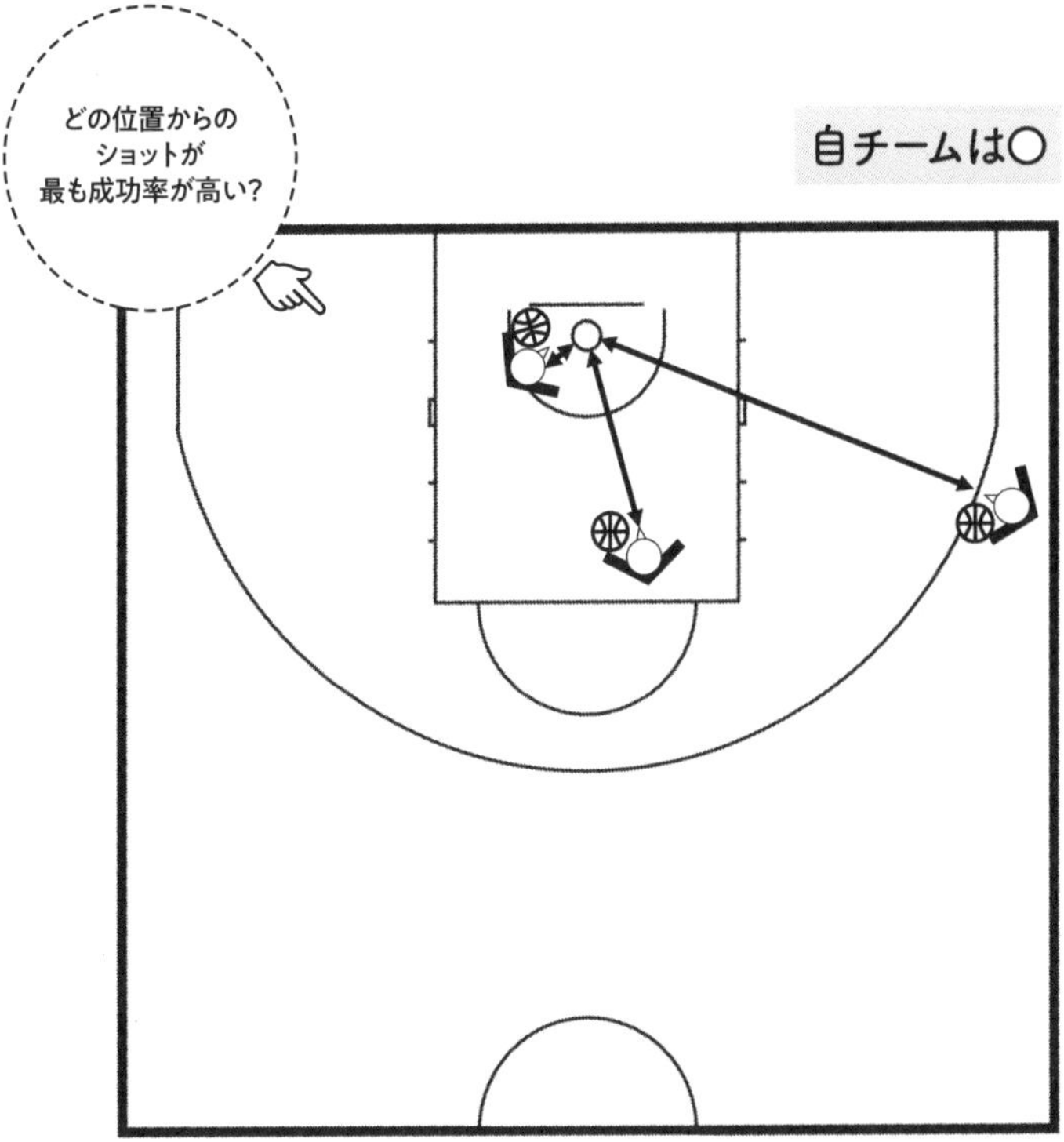
どの位置からの
ショットが
最も成功率が高い？
自チームは○

ANSWER

正答例

「可能な限りリングに近い位置」

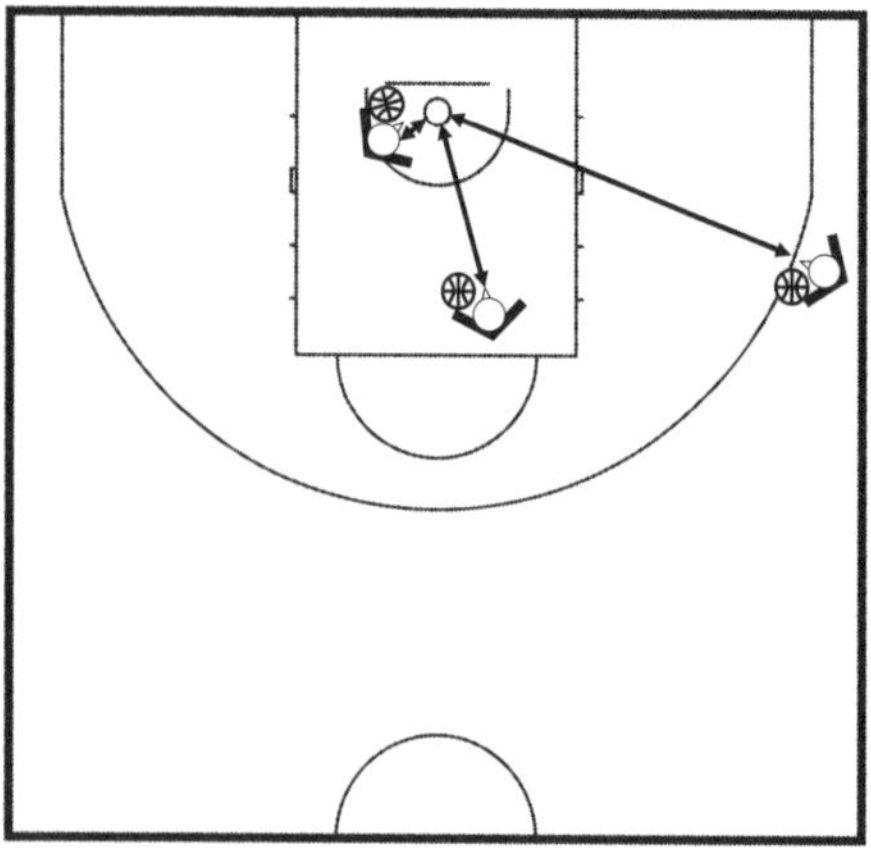

リングまでの距離が近いほうがショットの成功率が高いが、リングの真下まで入ると高度なショットテクニックが必要になる

なるべくリングの近くでショットを放つ

リングの近くでショットを放つ際に、手元が少し狂ったとしてもボールがリングに到達するまでに大きなずれが生じないため、ショットは成功します。一方、リングから離れた位置からショットを放つ際に、手元が少しでも狂ってしまうと、ボールがリングに到達する頃には大きなズレとなって現れてしまい、ショットは成功しません。

このように、ショットを放つ位置からリングまでの距離とショッ

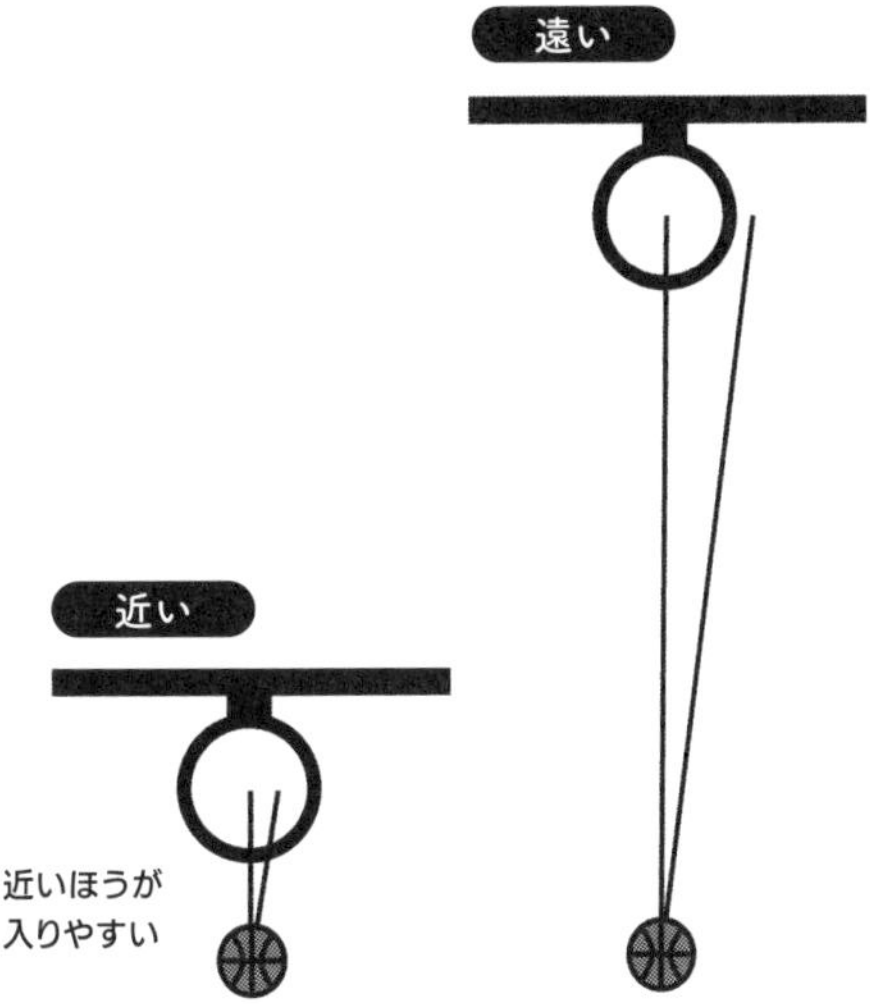
遠い
近い
近いほうが
入りやすい

リングとの距離が遠くなればなるほど、ショット時のズレが大きくなってしまう

ト成功率は反比例します。

例えば、リングまでの距離がないダンクショットの成功率は高く、3ポイントショットの成功率は低くなります。したがって、高い成功率のショットを放つにはリングから限りなく近い位置でショットを放つことが求められます。

ただし、リングの真下まで入り込んでしまうと、フェイドアウェイやバックショットなどの比較的高度なテクニックが求められるため、こうしたテクニックを身につけていないとショット成功率が低下してしまいます。

QUESTION

問題
2

オフェンス問題

図の位置からショットを放った場合、
2ポイントショットの成功率は45%、
3ポイントショットの成功率は35%です。
どちらのショットを放つのが
望ましいでしょうか

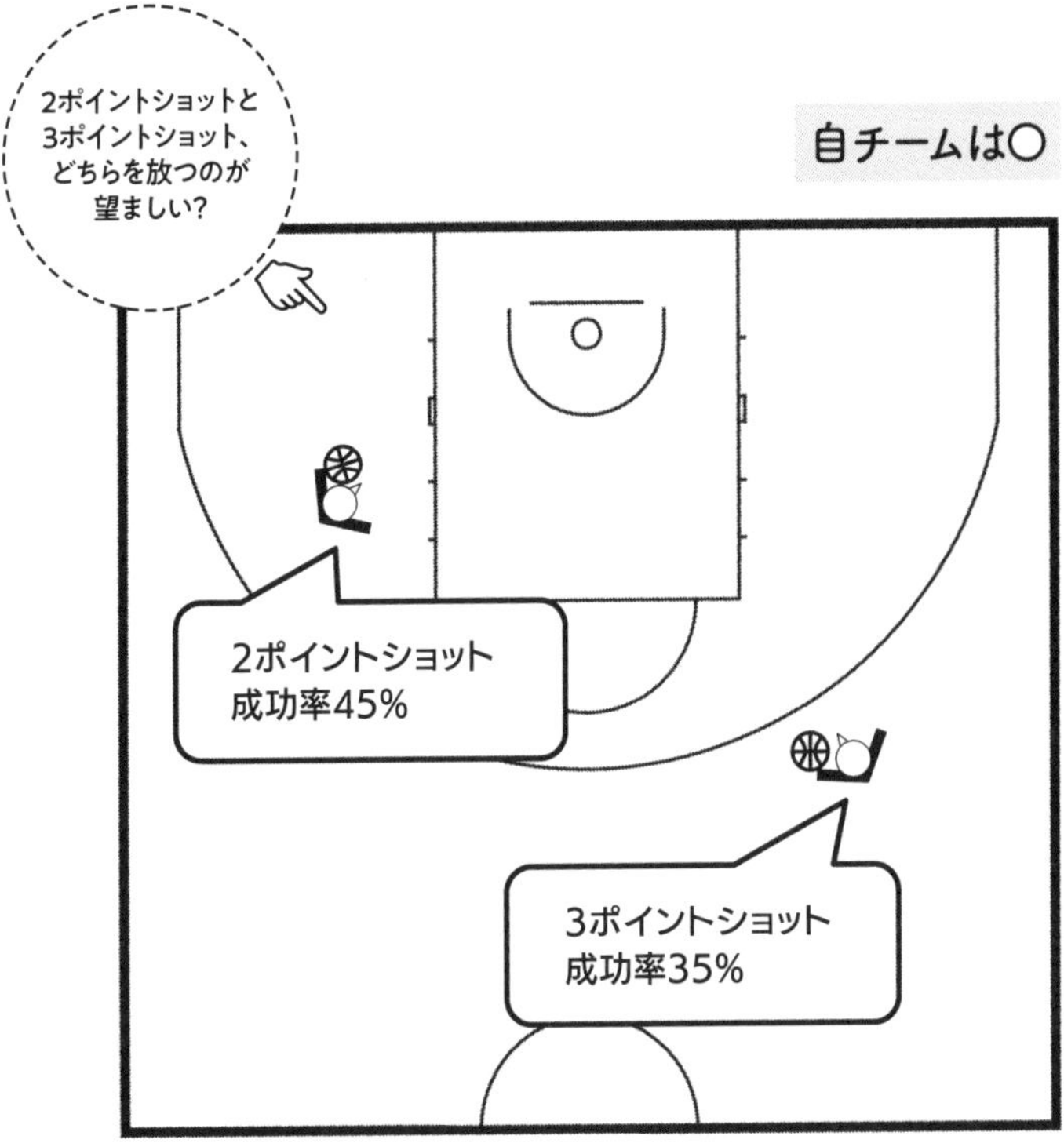
2ポイントショットと
3ポイントショット、
どちらを放つのが
望ましい？
自チームは○
2ポイントショット
成功率45%
3ポイントショット
成功率35%

ANSWER

正答例

3ポイントショット

期待値

期待値＝得点×ショット成功率

ショット成功で得られる得点	ショット成功率	期待値
2点	45%	0.9点
3点	35%	1.05点

例：0.9点＝2点×45%

成功率とそのショットで得られる得点を掛け合わせた数値。ショット1本で見込める得点を表している数値が期待値になる

期待値の高いショットを放つ

高い成功率のショットを放つには、リングから限りなく近い位置でショットを放つことが求められます。したがって、なるべくショットを高確率で成功させるためには、3ポイントショットよりも2ポイントショットを放つべきであるといえます。しかし、バスケットボールはゲーム終了時に相手チームよりも得点が多いほうのチームが勝利します。つまり、高確率のショットよりも、より効率的に得点を得られるショットが有効に

ショットの成功率を考えると2ポイントショットを選択したほうがよいが、ゲームに勝つためには自分のショット成功率から期待値を算出し、期待値が高いほうを選ぶ

なります。そこで、成功率とそのショットで得られる得点を掛け合わせた期待値を用います。期待値はショット1本で得ることが見込まれる得点になります。2ポイントショットの成功率が45％の場合、期待値は0・9点、3ポイントショットの成功率が35％の場合、期待値は1・05点になり、3ポイントショットは2ポイントショットよりも成功率は低いものの、期待値は高くなり、この状況では効率的に得点を得るために2ポイントショットよりも、3ポイントショットを放つことが望ましいといえます。

QUESTION

問題
3

ディフェンス問題

ボールマン※とマッチアップするディフェンスはボールマンから見てどの方向に位置すればよいでしょうか

※ボールマン：ボールを保持しているオフェンスプレーヤーのこと

ディフェンスは
ボールマンから見て
どの方向に
位置すればよい?
自チームは●
どこに
位置すべき?

A N S W E R

正答例

ボールマンから見て
ゴール方向(ドライブライン上)

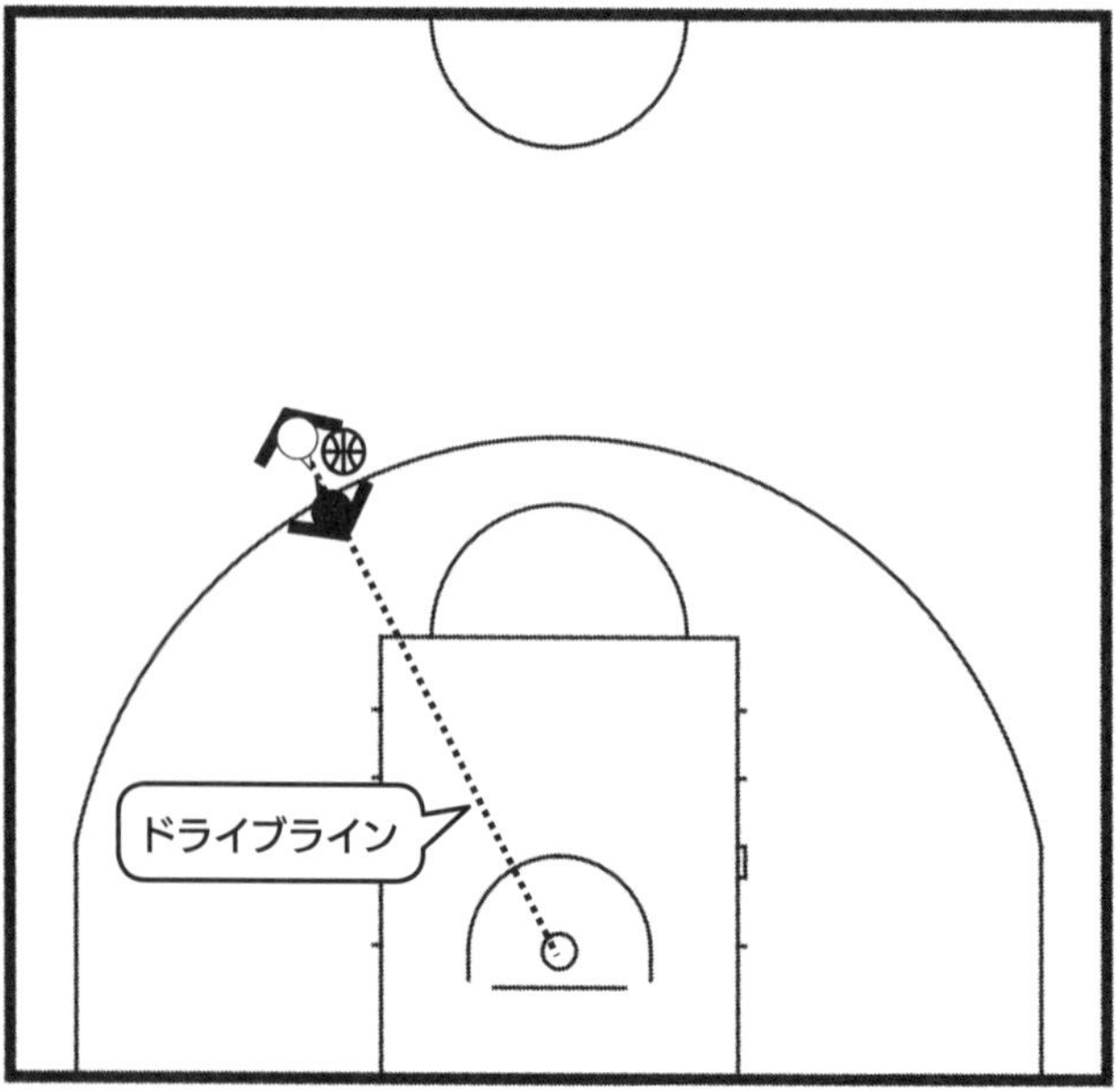

ディフェンスは、ボールマンとリングを結んだ仮想の線「ドライブライン」上に位置することが求められる

ボールマンとゴールの間に立つ

ショットを放つ位置からリングまでの距離とショット成功率は反比例します。そのため、ボールマンとしては、リングから限りなく近い位置でショットを放ちたいものです。一方、ディフェンス側としては、ショット成功率が高くなるゴール付近でのショットを放たせたくはありません。そこで、ボールマンのディフェンスプレーヤーにはボールマンによるゴール付近への侵入を妨げることが求められます。

さて、アウトサイドに位置するボールマンがゴール付近に侵入するにはドリブルでゴールに向かって進むことになります。したがって、ボールマンのディフェンスプレーヤーはボールマンから見てゴール方向に位置することにより、ボールマンがドリブルでゴール付近に侵入するのを妨げるのです。つまりボールマンのディフェンスプレーヤーには、ボールマンとリングを結んだ仮想の線であるドライブライン上に位置することが求められます。ただし、ディフェンス戦術によっては意図的にドライブライン上に位置しないこともあります。

QUESTION

問題
4

ディフェンス問題

3ポイントエリアに位置するボールマンとマッチアップするディフェンスはボールマンからどのくらいの距離に位置すればよいでしょうか

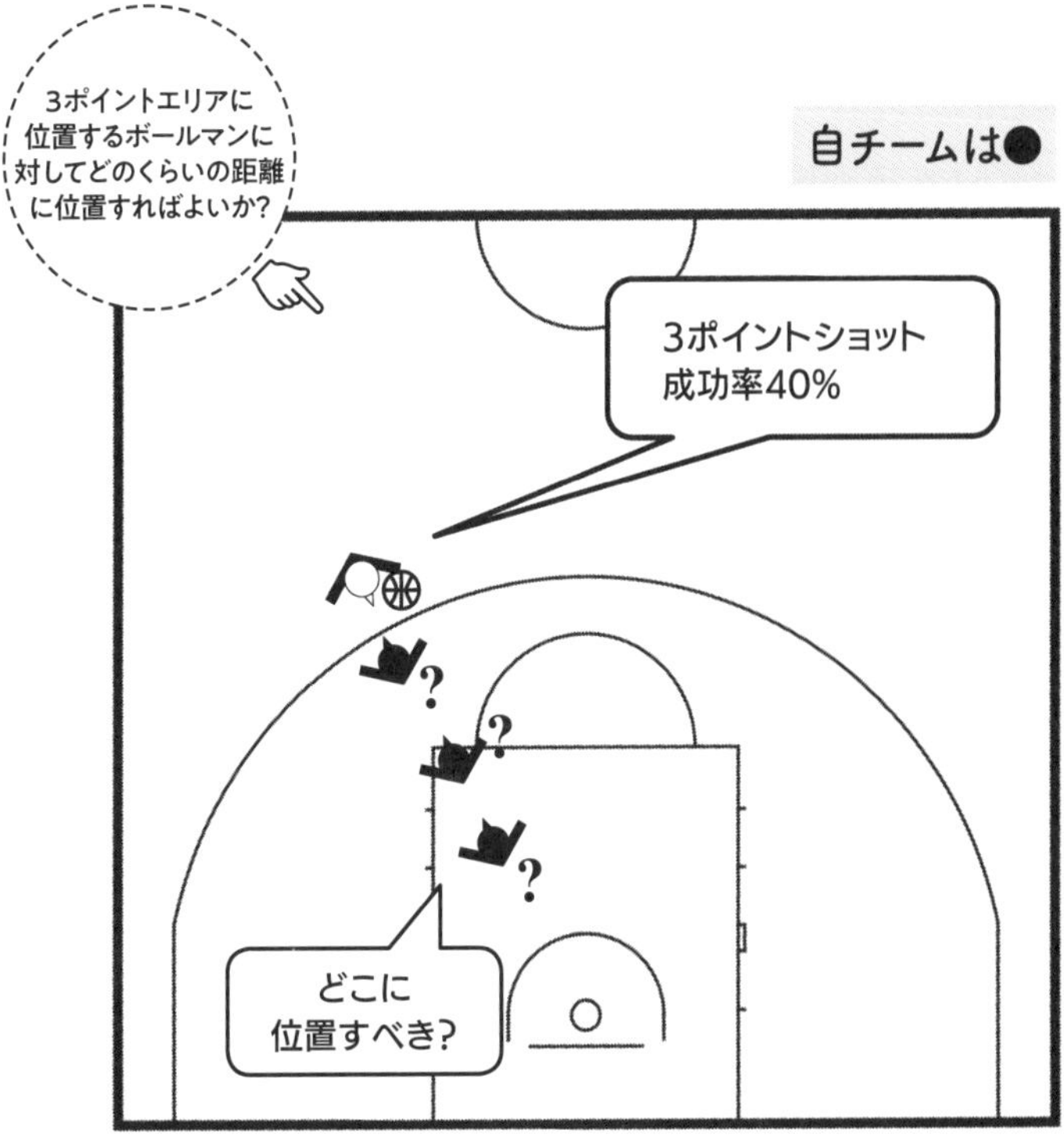
3ポイントエリアに
位置するボールマンに
対してどのくらいの距離
に位置すればよいか?
自チームは●
3ポイントショット
成功率40%
どこに
位置すべき?

ANSWER

正答例

ショットを妨げる、もしくはショットフォームを崩すことができる距離

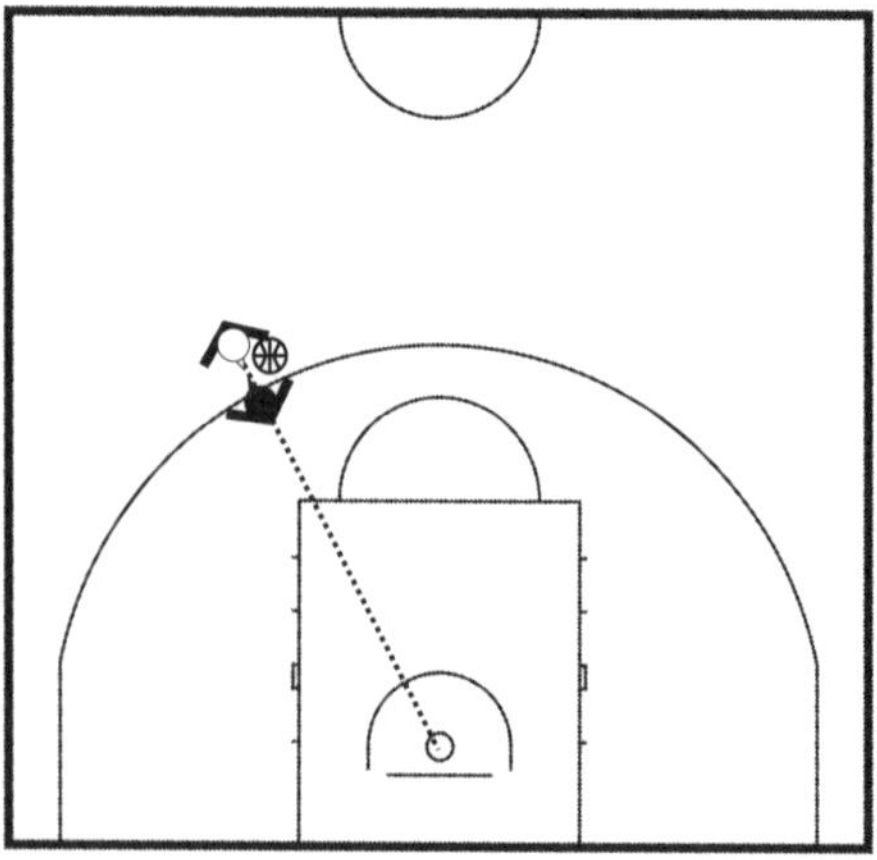

ドライブライン上のショットを妨げたり、ショットフォームを崩せる距離に位置することでショット成功率を下げる

シューターにはハーフアームの距離

ボールマンのディフェンスプレーヤーには、ドライブライン上に位置することが求められます。しかし、ドライブライン上であってもボールマンから大きく距離をとって離れてしまうと、ボールマンになんなくショットを放たれてしまいます。3ポイントシューターは4割程度の3ポイント成功率を誇ります。しかし、ディフェンスをつけないスポットシューティングでは7〜9割ほどの成功率を叩

ハーフアームの距離

シューターにはハーフアームの距離が目安になる

き出します。つまり、ゲームではディフェンスによるプレッシャーなどの影響を受け、成功率が低下します。言い換えると、ディフェンスによるプレッシャーがなければ、スポットシューティングに近い状況になるため、ボールマンのディフェンスには、ドライブライン上のショットを妨げる、もしくはショットフォームを崩すことができる距離に位置することが求められます。3ポイントライン側のボールマンには、手を伸ばせばボールマンに触れられるワンアームの距離を目安に、ショット力によって調整しましょう。シューターにはワンアームの半分のハーフアームが目安になります。

QUESTION

問題
5

ディフェンス問題

「3ポイントエリアのボールマンが、ショット力の低いスラッシャー※の場合、ディフェンスはボールマンからどのくらいの距離に位置すればよいでしょうか」

※スラッシャー：身体能力が高く、ドライブでゴールにアタックを仕掛けることを得意とするようなプレーヤーを指す

ショット力が低い
スラッシャーの場合、
ディフェンスは
どのくらいの距離に
位置すればよい？

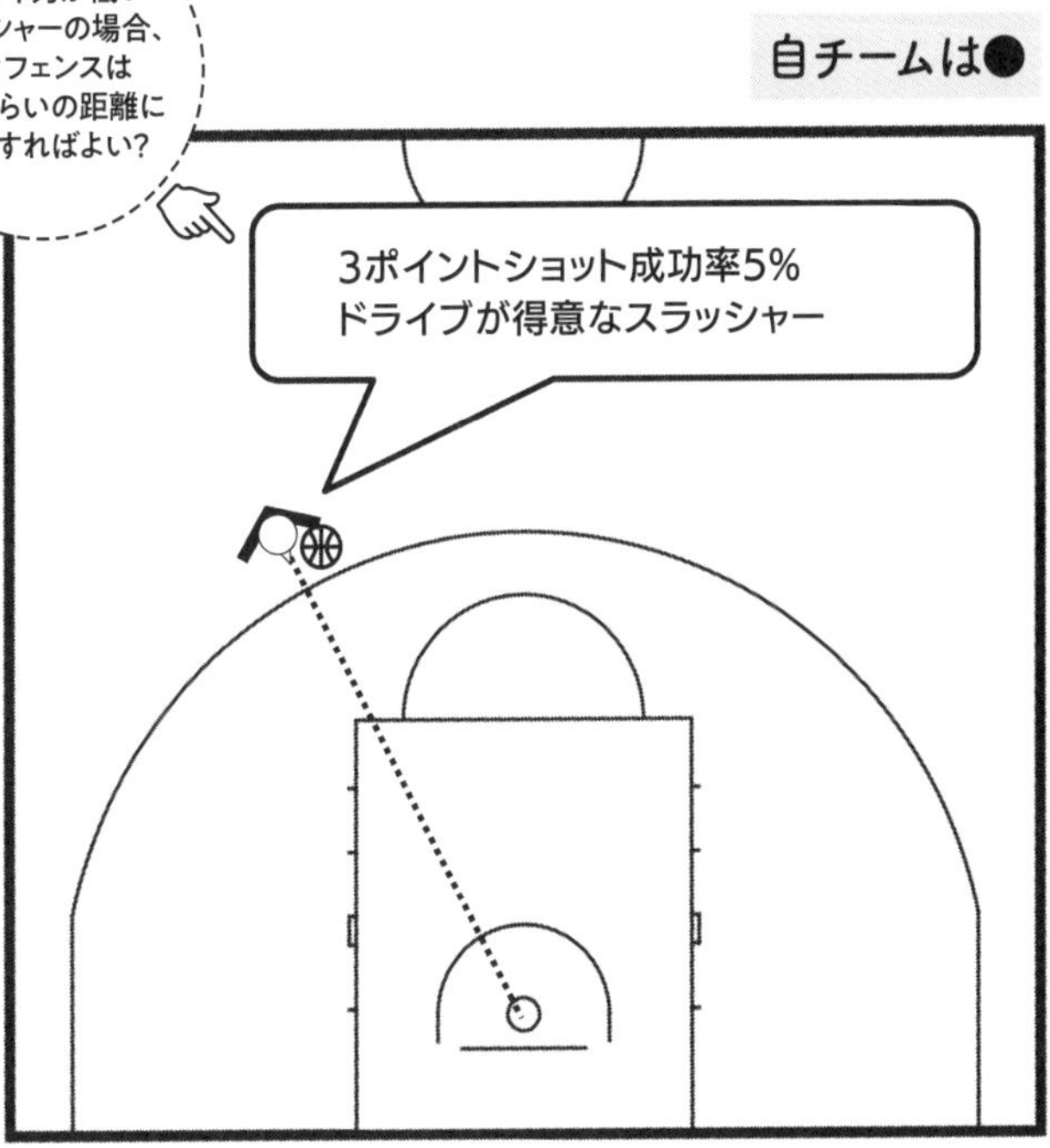

ANSWER

正答例

ボールマンから距離をとる

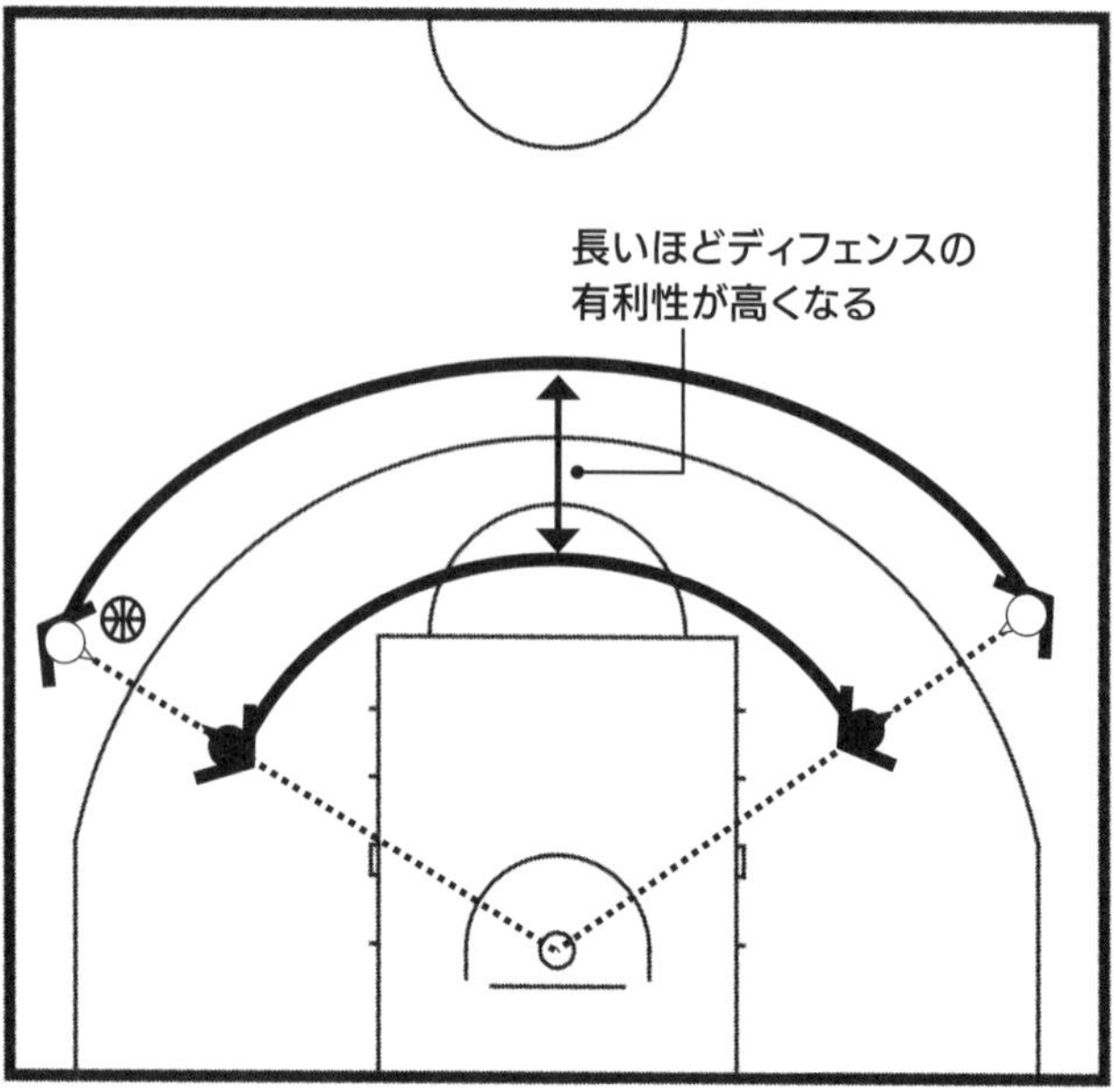
長いほどディフェンスの
有利性が高くなる

ボールマンから離れた「ディフェンスの有利性を高められる距離」に位置し、ドライブを阻止する

ディフェンスの有利性を高めてドライブを消す

ボールマンがディフェンスプレーヤーをドライブラインから外そうとしてドリブルで移動した場合、ボールマンの移動に伴ってディフェンスプレーヤーも移動し、ドライブライン上の位置を保とうとします。

この際、ディフェンスプレーヤーはボールマンがドリブルで移動するよりも短い距離の移動で、ドライブライン上に位置し続けることができます。これがディフェンスの有利性になります。この有利性は、ディフェンスプレーヤーがボールマンから離れ、ゴール側に位置することにより「より高く」なります。つまり、ボールマンにとってはディフェンスプレーヤーを抜きにくい状況になります。したがって、ボールマンがショット力の低いスラッシャーの場合、ディフェンスプレーヤーはボールマンから離れたディフェンスの有利性を高められる距離に位置し、ドライブを阻止することが求められます。ボールマンにとっては簡単に3ポイントショットを放てる状況になりますが、そもそも3ポイントショット成功率が低いため、ディフェンスプレーヤーがボールマンに近づいてショットを妨げる、もしくはショットフォームを崩す必要がありません。

QUESTION

問題
6

ディフェンス問題

「ゴール付近に位置するボールマンとマッチアップするディフェンスはボールマンからどのくらいの距離に位置すればよいでしょうか」

ゴール付近で
マッチアップした場合、
ディフェンスは
ボールマンから
どのくらいの距離に
位置すればよい？

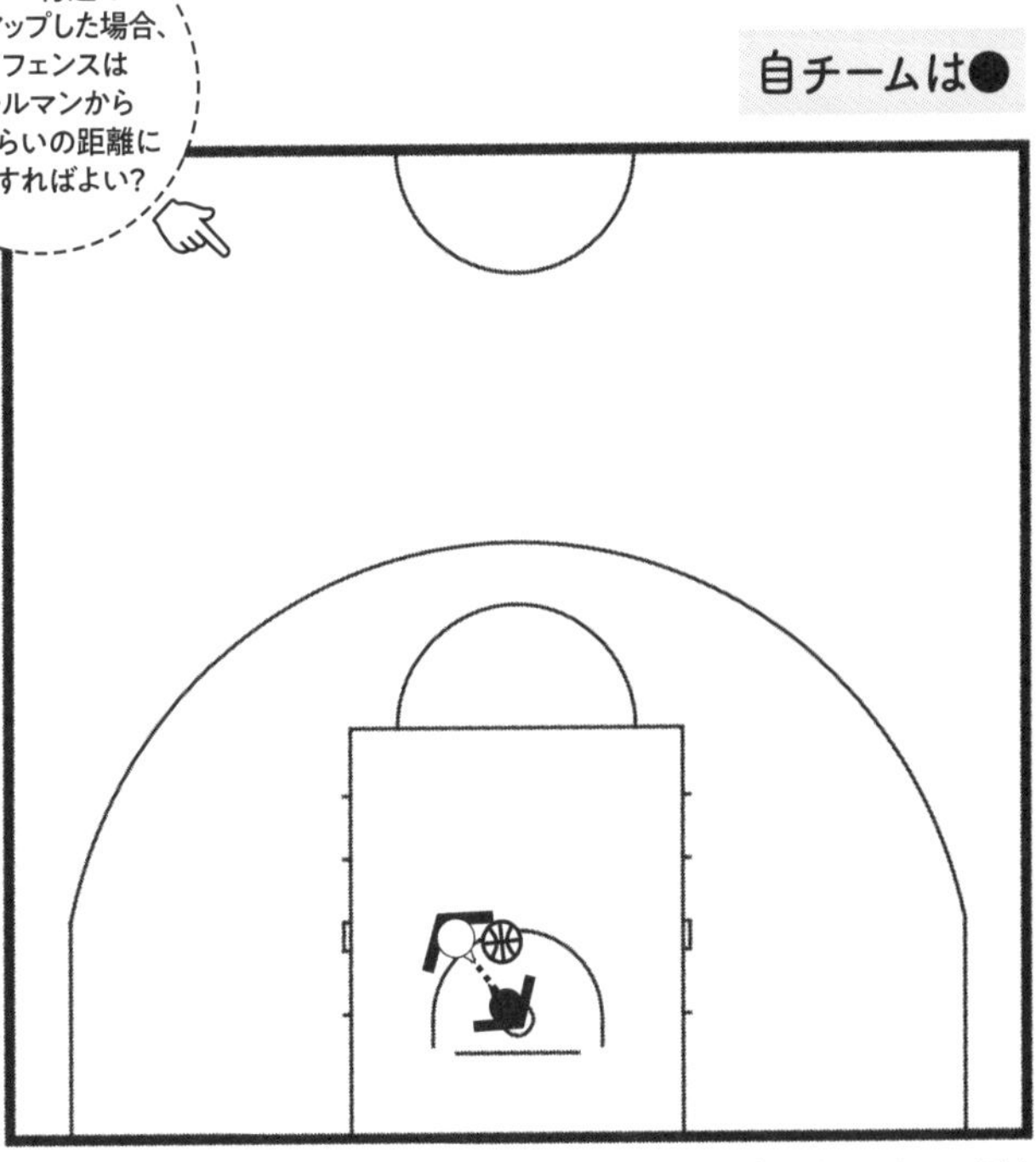

ボールマンはドリブルを終えてボールを保持

ANSWER

正答例

「ショットフォームを大きく崩せる距離」

相手の得点を妨げるためには、ボールマンのショットフォームを大きく崩す必要があるため、すぐそばまで詰めていく

ボールマンのすぐそばまで近づく

ゴール付近でのショットは成功率が高いため、「相手チームの得点を妨げること」を目的とするディフェンス側としては、ボールマンのショットフォームを大きく崩す必要があります。ボールマンがゴール付近に位置する場面では、問題4（24ページ）のようにボールマンが3ポイントエリアに位置した時と同じように守ってしまうと、ショットフォームを大きく崩すことはできません。ボールマンが3

ワンアームではショットフォームを大きく崩せないため、できるだけ詰めていく

ポイントエリアに位置する場合には、ボールマンのショットフォームを少し崩すだけで、ボールがリングに到達する頃には大きなズレとなって現れます。その結果ショットは成功せず、ディフェスの目的を達成することができます。

一方、ボールマンがゴール付近に位置する場面では、ボールマンのすぐそばまで距離を詰め、ショットフォームを大きく崩します。ワンアームはディフェンスの基本ですが、ゴール付近ではボールマンとコンタクトすることも求められます。

QUESTION

問題 7

オフェンス問題

「ディフェンスがドライブライン上のワンアームの距離に位置する状況。ボールマンが3ポイントエリアからゴール付近に侵入するためにはどう動くとよいでしょうか」

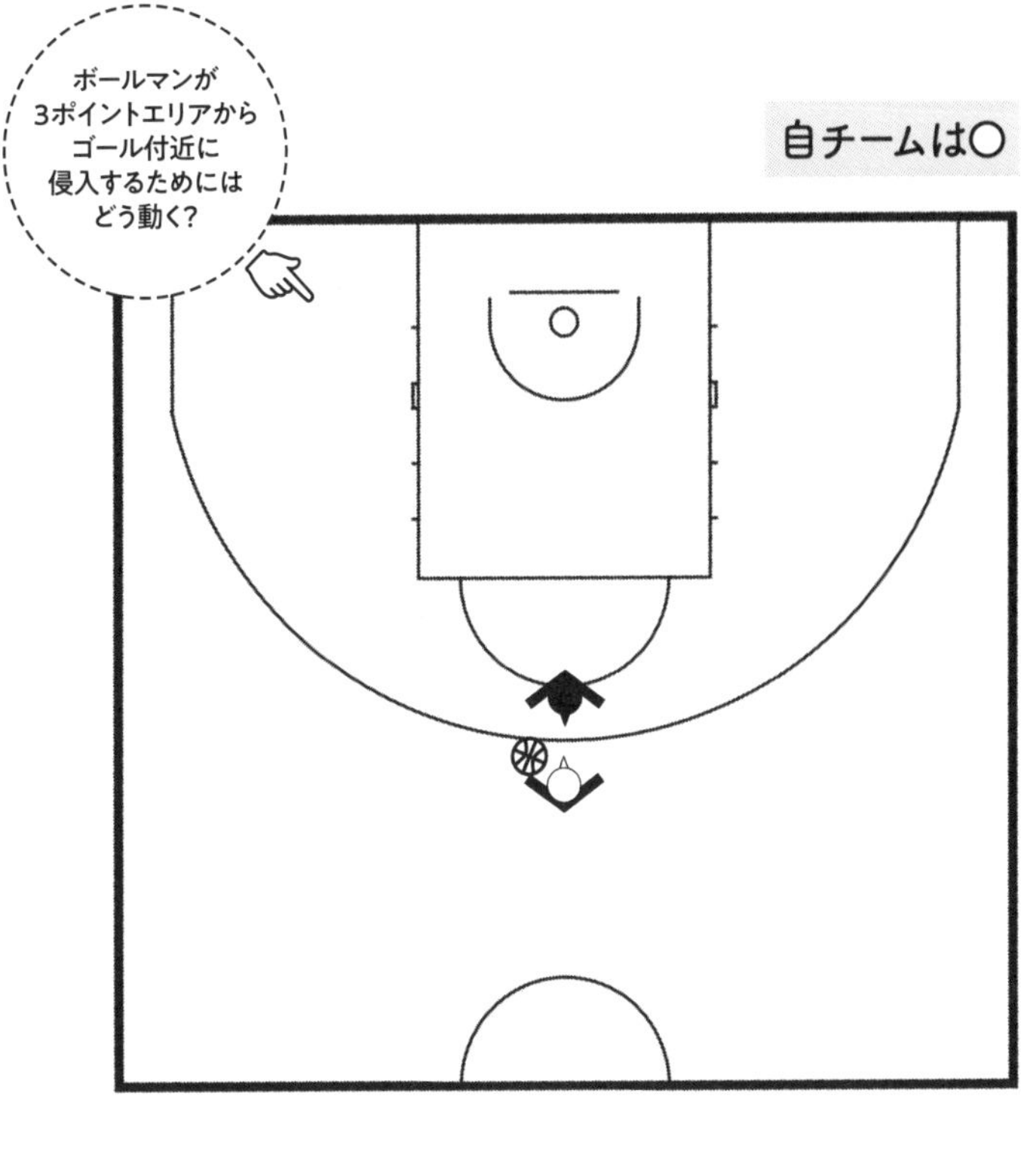
ボールマンが
3ポイントエリアから
ゴール付近に
侵入するためには
どう動く?
自チームは○

ANSWER

正答例

「ディフェンスプレーヤーをドライブラインから外す」

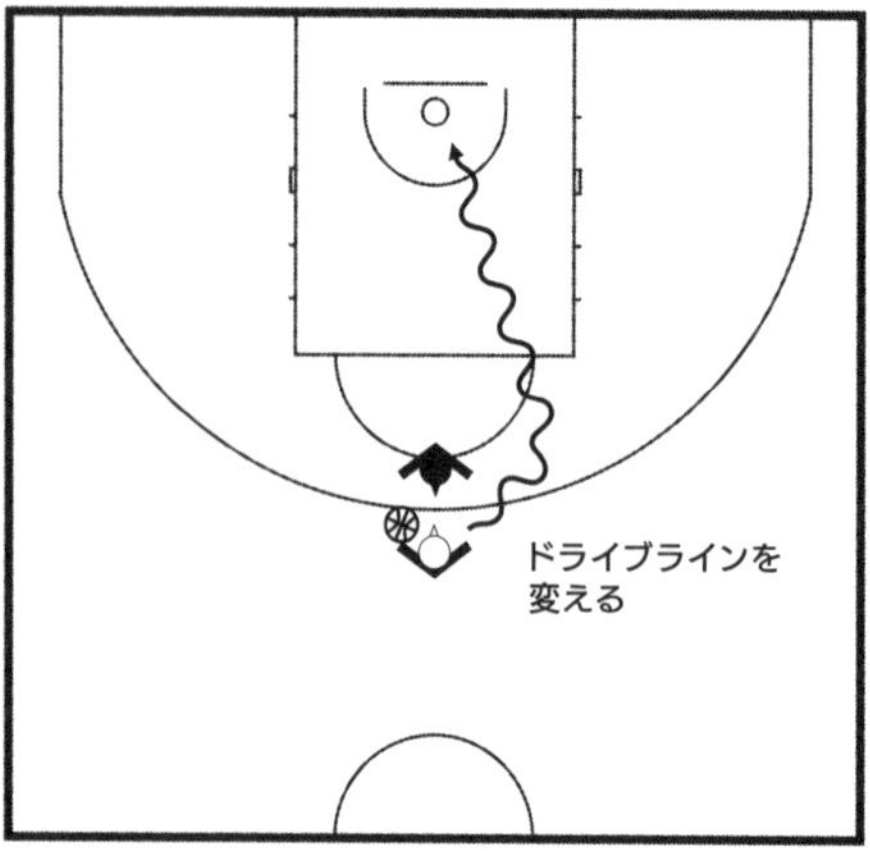

ドライブラインを
変える

プレー例1

ゴールに対して横方向へ移動することでドライブラインを変える

ドリブルでの移動やフェイント

ボールマンがゴール付近に侵入するにあたって、ドライブライン上に位置するディフェンスプレーヤーが障害になります。そこで、ボールマンはゴールに対して横方向へドリブルで移動することにより、ドライブラインを変えてディフェンスプレーヤーをドライブライン上から外します。

また、ボールマンがドリブルで移動せずとも、ゴールに対して横方向へステップを踏み、ドリブル

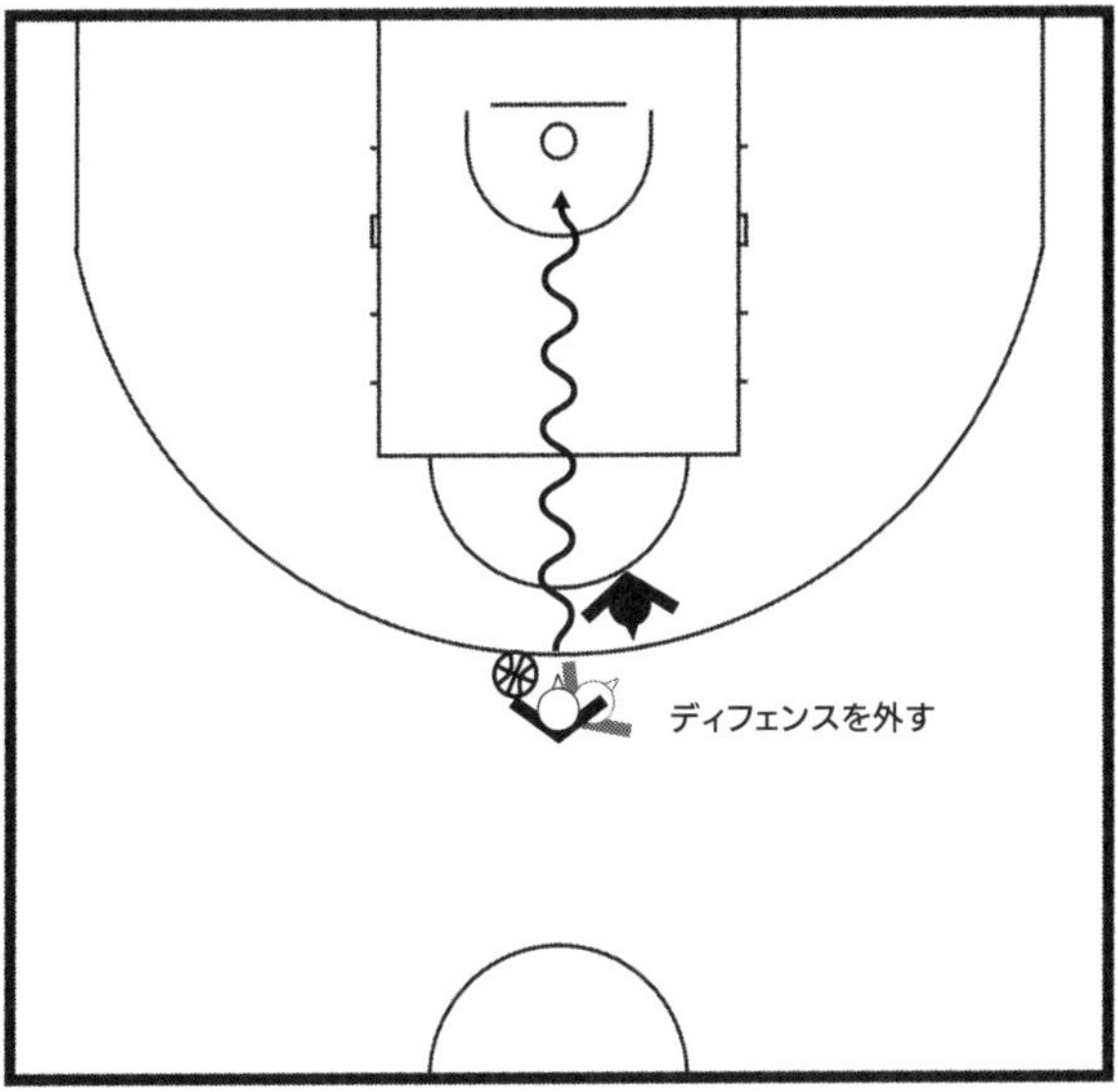

プレー例2　ステップによってドライブライン上からディフェンスを外す

によってドライブラインを変えるフェイントをかけることにより、ディフェンスプレーヤーを反応させて、ドライブライン上からディフェンスプレーヤーを外すこともできます。さらにショットフェイクをかけることにより、ショットを妨げようとディフェンスプレーヤーがボールマンとの距離を狭めた場合には、ディフェンス側の有利性が小さくなるため、ボールマンはドライブラインからディフェンスプレーヤーを少し外すだけでも、ゴール付近に侵入することが可能になります。

QUESTION

問題 8

オフェンス問題

「ディフェンスがドライブライン上のワンアームの距離に位置する状況で3ポイントエリアのボールマンが確率の高い3ポイントショットを放つにはどんな工夫が必要でしょうか」

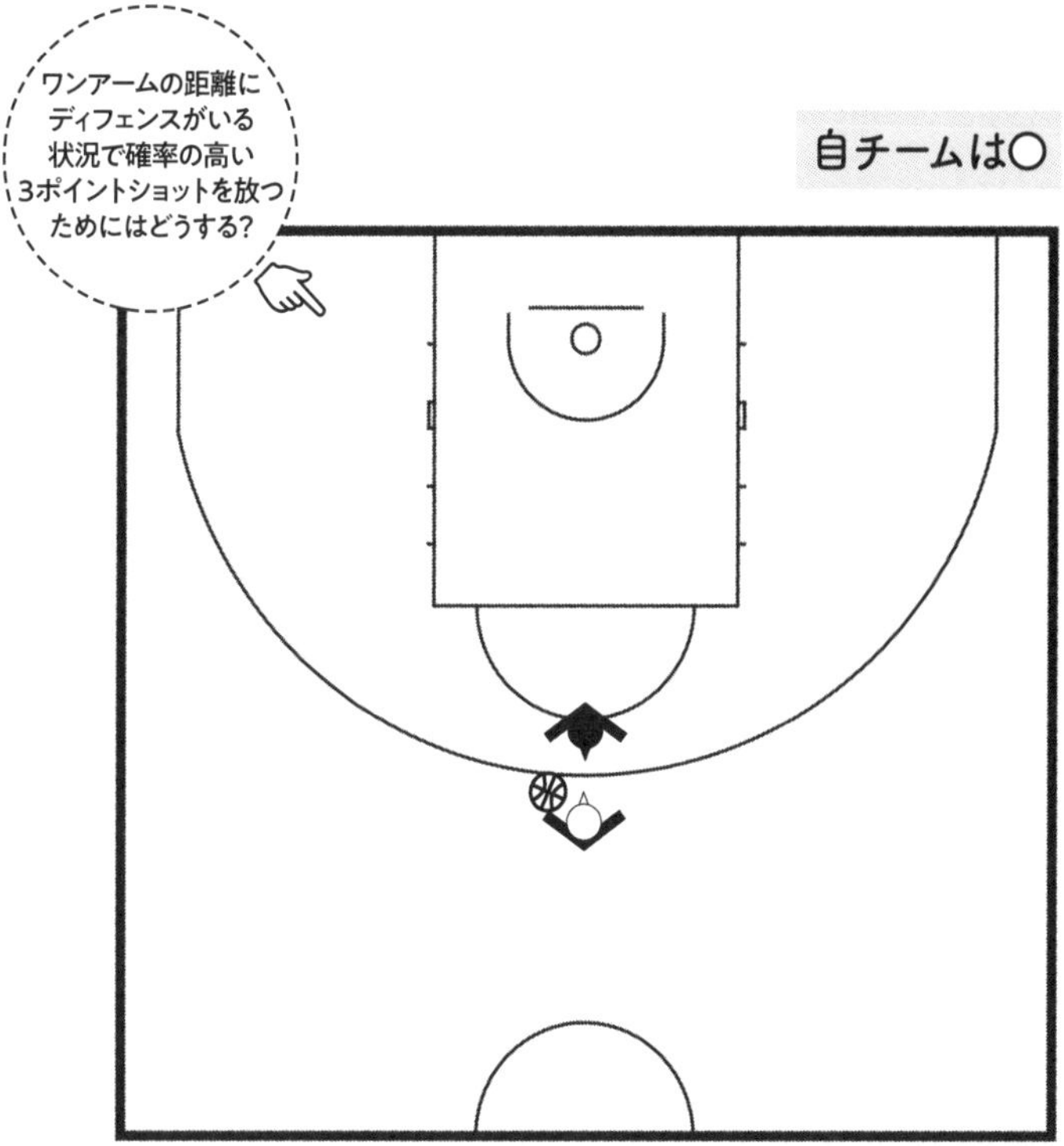
ワンアームの距離に
ディフェンスがいる
状況で確率の高い
3ポイントショットを放つ
ためにはどうする?
自チームは○

ANSWER

正答例

「ディフェンスプレーヤーとの距離を長くする」

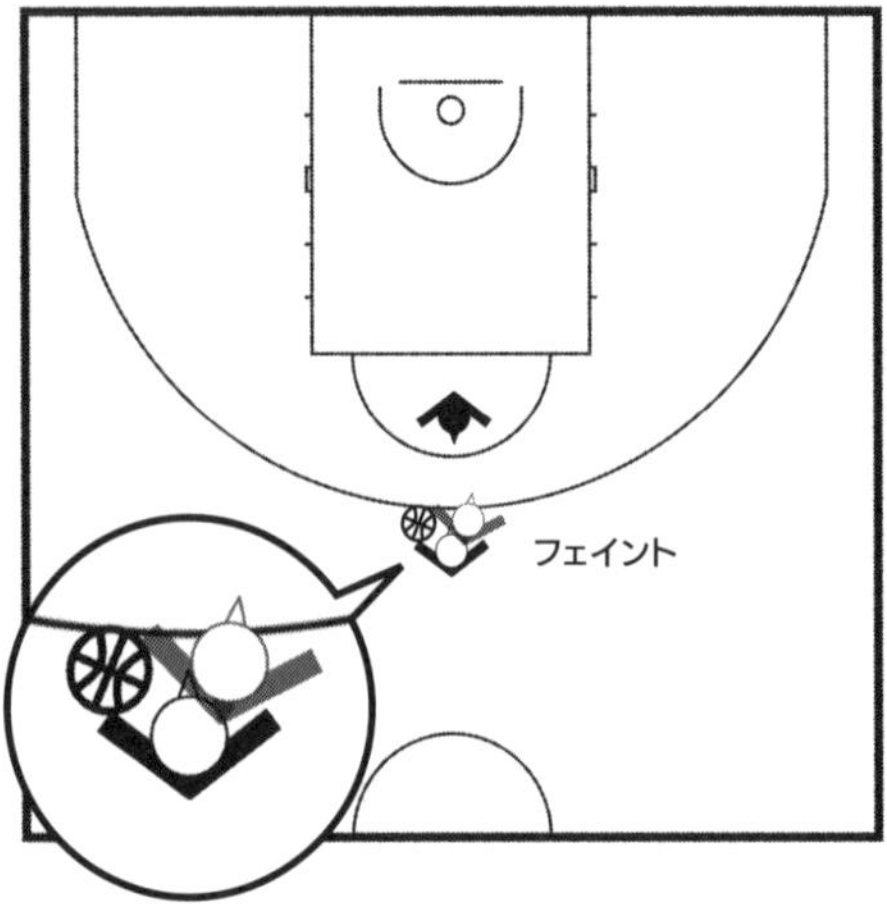

ドライブをするフェイントをかけてディフェンスがゴール方向へと移動したところで3ポイントショットを放つ

ドライブのフェイントやステップバック

3ポイントエリアに位置するボールマンに対してディフェンスプレーヤーは、ドライブライン上のショットを妨げる、もしくはショットフォームを崩すことができる距離（この問いではワンアームの距離）に位置します。ボールマンが高確率の3ポイントショットを放つためには、ディフェンスプレーヤーとの距離を長くし、ショットフォームを崩されないようにしなければなりません。そこでボールマン

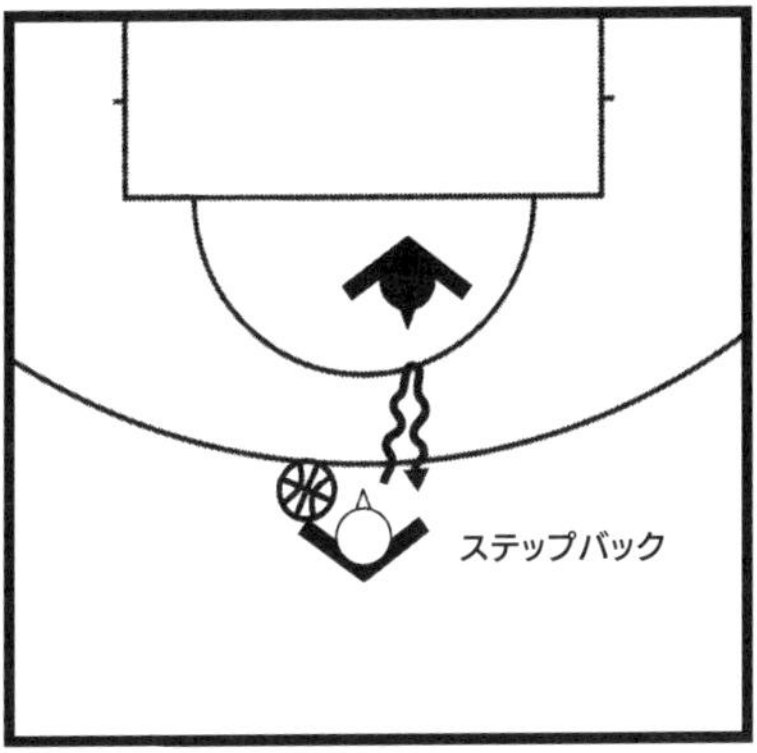

ドライブをするようにドリブルをつき、ディフェンスが下がったところで3ポイントラインへステップバックする

はドライブのフェイントやステップバックを用います。ボールマンがゴールに向かってドライブをすると、ボールマンとディフェンスプレーヤーの距離が近くなるため、ディフェンスの有利性が低くなります。したがって、ディフェンスプレーヤーはボールマンから離れ、ディフェンスの有利性を保とうとする傾向にあります。これを利用し、ボールマンがドライブに見せかけたステップを踏むフェイントをかけ、ディフェンスプレーヤーがゴール方向へと移動したところで、ボールマンとディフェンスプレーヤーとの距離が長くなるため、ボールマンは確率の高い3ポイントシュートを放つことができます。ステップバックも同様に、ボールマンがドライブをするようにドリブルをつき、ディフェンスプレーヤーが下がったところで3ポイントラインへとステップバックすることにより、ディフェンスプレーヤーとの距離を長くします。

コラム
COLUMN

バスケ脳（バスケIQ）を磨くには

流通経済大学スポーツコミュニケーション学科
関根加琳

バスケIQを磨くためにはコーチによる指導方法が重要ですが、ここではプレーヤー自身がバスケIQを磨く方法、いわゆるセルフコーチングによるバスケIQの向上について2つの方法を紹介します。

1つ目は自己分析です。自己分析をすることで自身の得意なプレー、足りないスキルなどが明確になり、次にとるべき行動を導き出しやすくなります。次の行動としては、得意なプレーをより伸ばしたり、足りないスキルなどを強化したりすることになります。

2つ目は、何ごともプレーヤー自身で意識して取り組むことです。例えば、練習内容がゲームのどの局面でどのように使うものかを想定し、その局面を意識して練習に取り組むことです。すべての練習に目的が存在します。「何のためにやるのか」といった目的を理解し、その目的を達成するために「どのように取り組まなければならないのか」を意識することでバスケIQは磨かれていくことでしょう。

プレーヤー自身でバスケIQを磨くには、自己分析をし、何ごとにもプレーヤー自身で意識して取り組むことが重要になります。

第2章

1on 1 vs チームディフェンス

QUESTION

問題
9

オフェンス問題

「ディフェンスがベタ付きで守ってきた場合にオフェンスはどんなプレーを選択すべきでしょうか」

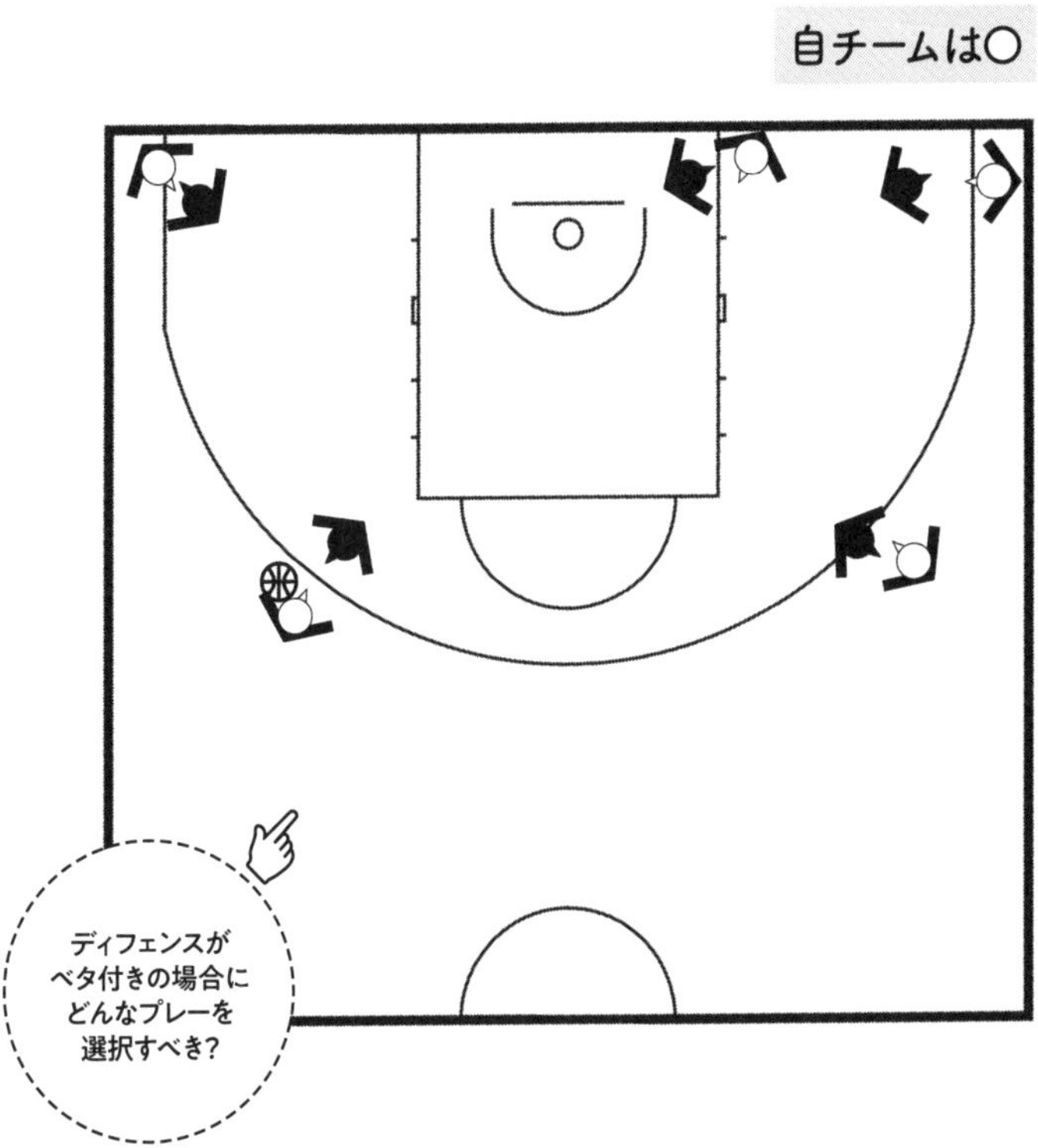
自チームは○
ディフェンスが
ベタ付きの場合に
どんなプレーを
選択すべき?

ANSWER

正答例

「1on1を仕掛ける」

1on1で使えるテクニックの例

ステップムーブ	ロールターン
レッグスルー	クロスオーバー
ヘジテーション（フェイク）	ビートを変える
ジャブ	クロスジャブ
ターン	ハーフターン

ディフェンスを抜き去るテクニックを日頃から練習しておきたい

スペースのある１ｏｎ１はボールマンが有利

バスケットボールでは、ディフェンスプレーヤーの競技レベルがボールマンよりも高くない限り、スペースのある１ｏｎ１ではボールマンが有利になります。

競技レベルが高くなるとディフェンスプレーヤーは、オフェンスプレーヤーの動きを予測してディフェンスするようになります。しかし、そのような競技レベルに達するまでは、ディフェンスプレーヤーはオフェンスプレーヤーの動きに反応してからディフェンスすることになります。つまり、オフェンスプレーヤーの動き出しのほうが速くなります。

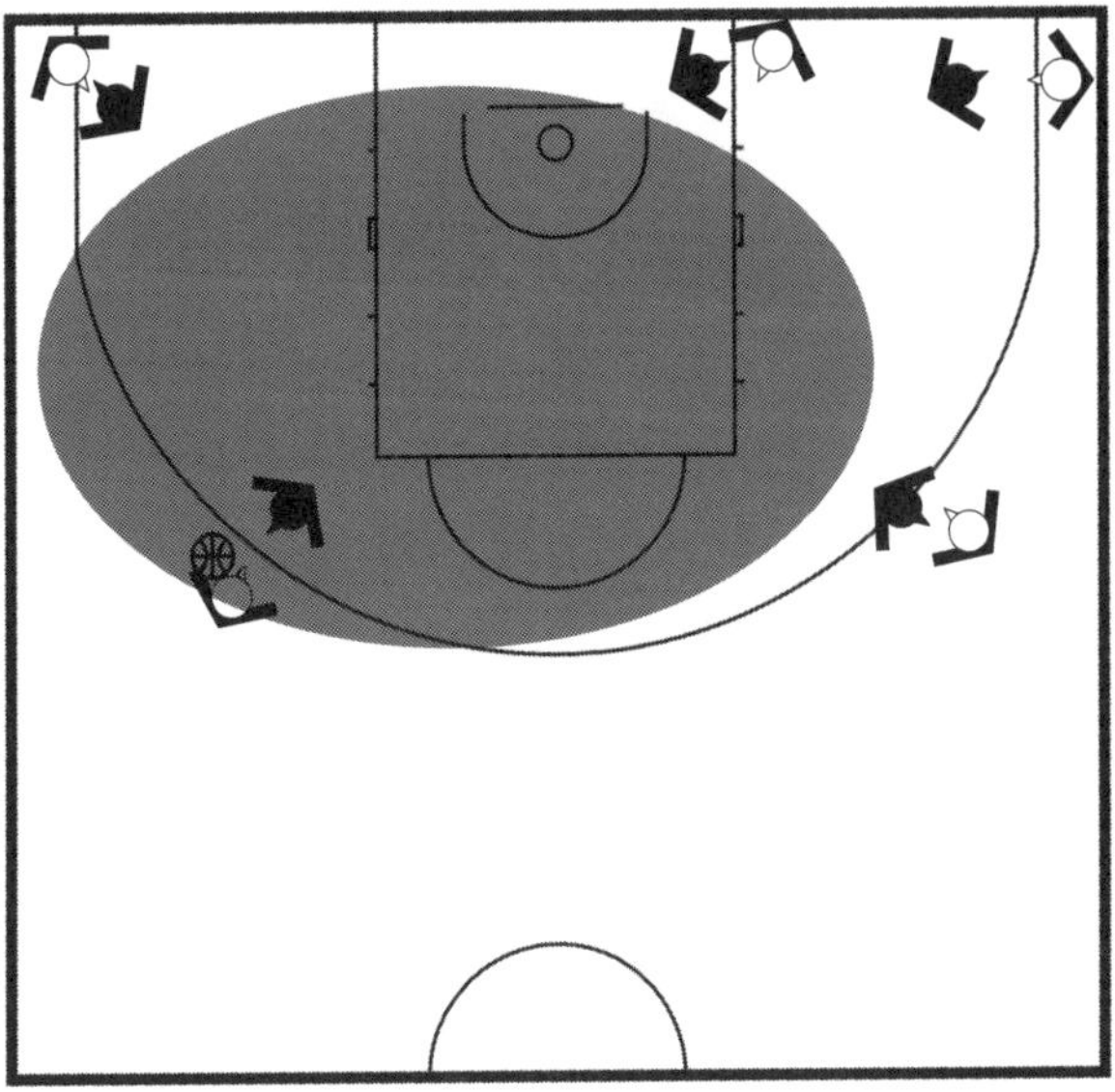

往々にしてディフェンスはオフェンスの動きに反応してから動き出すため、スペースのある1on1ではボールマンが有利になる

スペースのある1on1ではボールマンが有利になるので、スペースがあるのにパスをしてしまうのは、チャンスを潰している可能性があります。

すべてのディフェンスがマイマンにベタ付きの場合、つまりボールマンが1on1をするスペースが十分にある状況では、ボールマンが積極的に1on1を仕掛けることが有効です。1on1を仕掛けてファウルをもらうことができれば、オフェンス側は大きなアドバンテージを得ることができます。

QUESTION

問題
10

オフェンス問題

ボールマン③によりよい状況で1on1をさせるために、オフボールマン①と④は何をすべきでしょうか

自チームは○

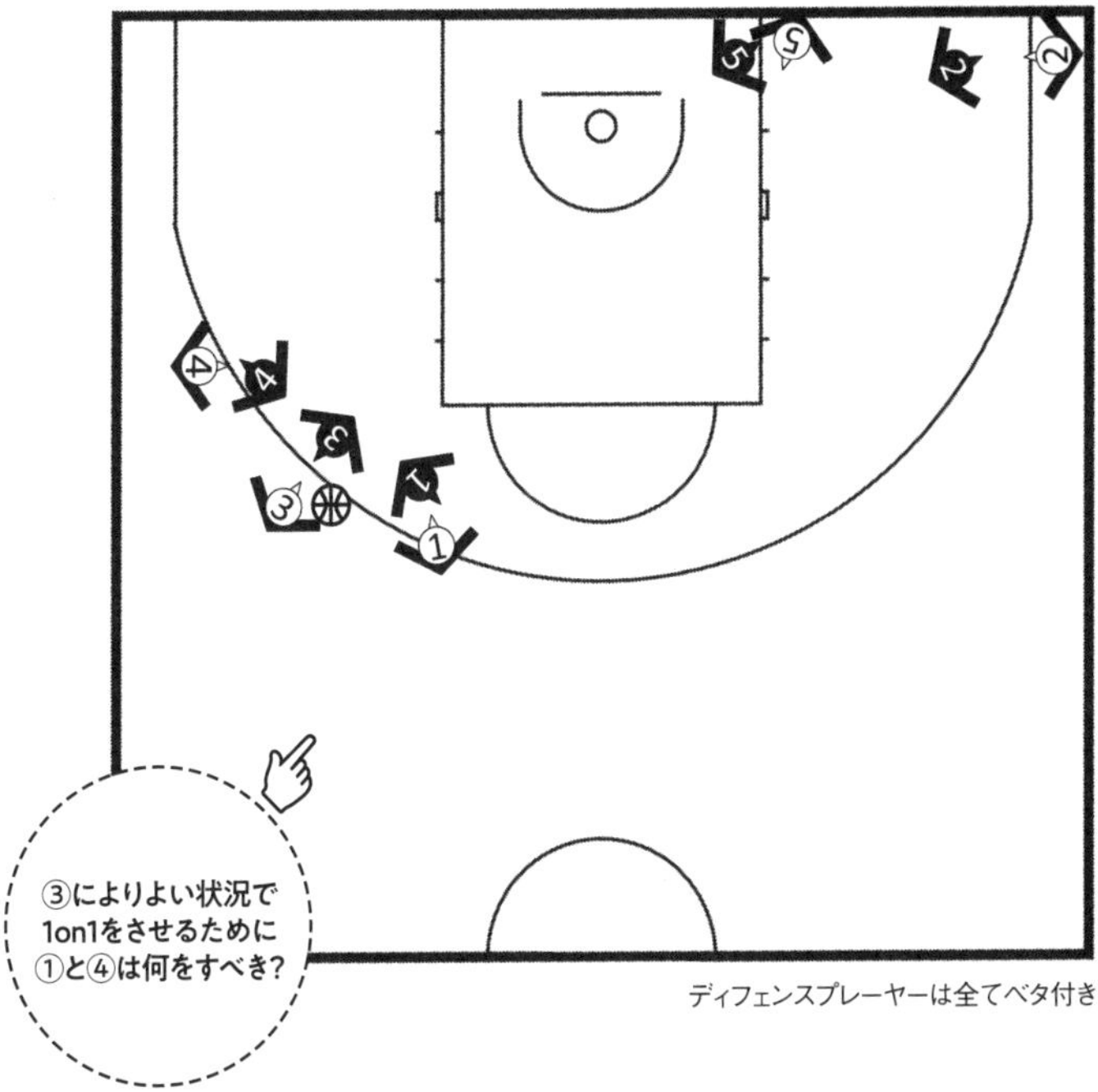

⑤
②
④
③
①
③によりよい状況で
1on1をさせるために
①と④は何をすべき?

ディフェンスプレーヤーは全てベタ付き

A N S W E R

正答例

ボールマン③から離れる

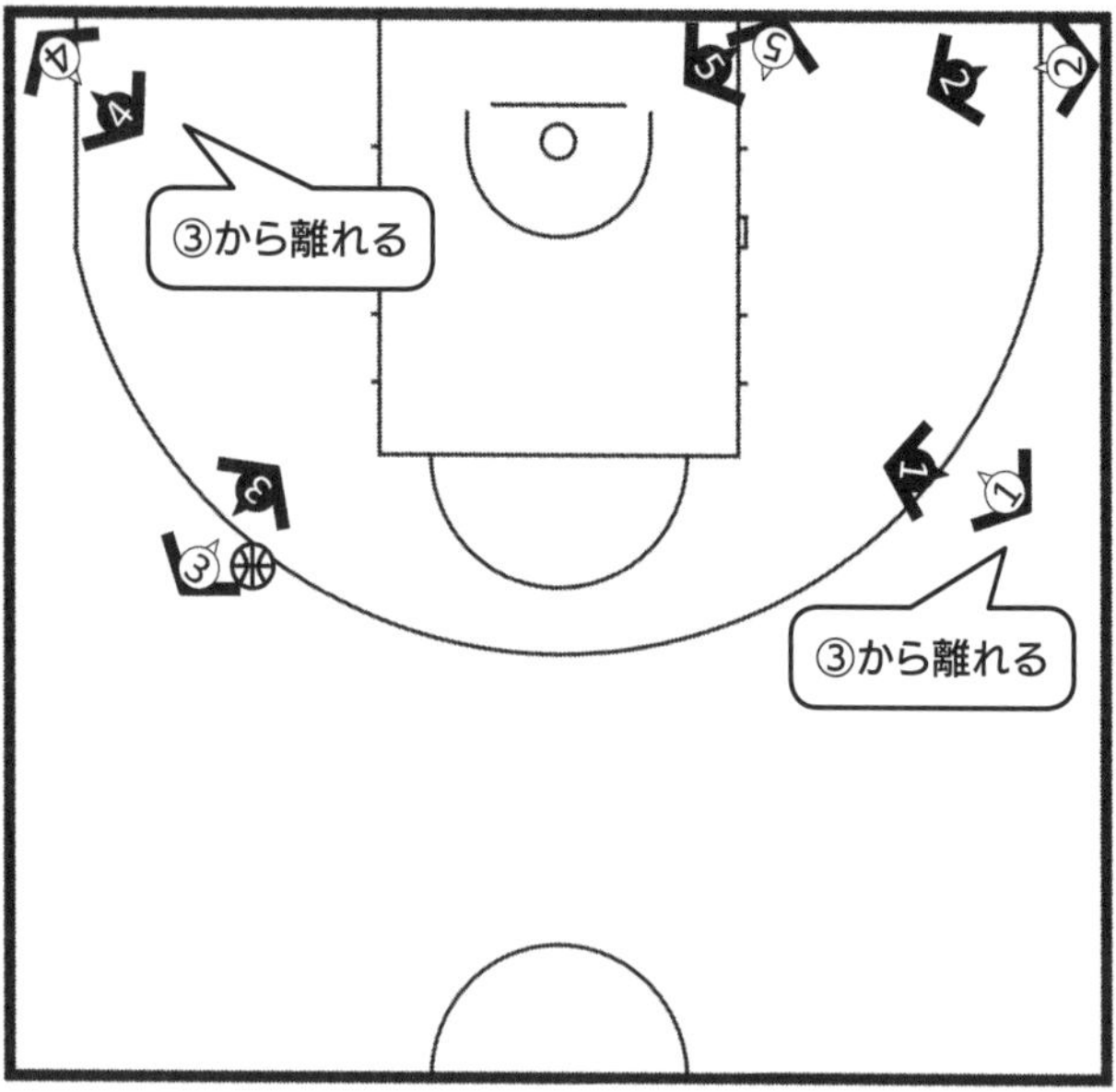

③から①と④が離れることで1on1をするスペースが生まれる

ディフェンス❹と❸をボールマンから離す

問題9（46ページ）で、スペースのある1on1ではオフェンスが有利になることを説明しました。したがってオフボールマンには、ボールマンのスペースを作り出すことが求められます。

さて、問題の状況ではボールマン③が1on1で❸を抜いてドライブをしようとしてもベースラインドライブでは❹が邪魔になり、ミドルドライブでは❶が邪魔になってしまいます。つまり、③が1on1をするために必要なスペースができていません。

ボールマンとオフボールマンの距離が近いと、オフボールマンとマッチアップするディフェンスが、ボールマンが1on1をするためのスペースを潰してしまいます。そのため1on1でのオフェンス側の有利性を発揮できません。

1on1に必要なスペースを作るためには、オフボールマン①と④がボールマン③から離れる必要があります。ディフェンスはベタ付きの状態ですので、①と④が③から離れることで❶と❹も③から離れることになります。この動きによって③が1on1をするスペースが作り出されます。

QUESTION

問題
11

オフェンス問題

「ボールマンが1on1を仕掛けられない場合、ディフェンスにベタ付きされているオフボールマンは何を選択すべきでしょうか」

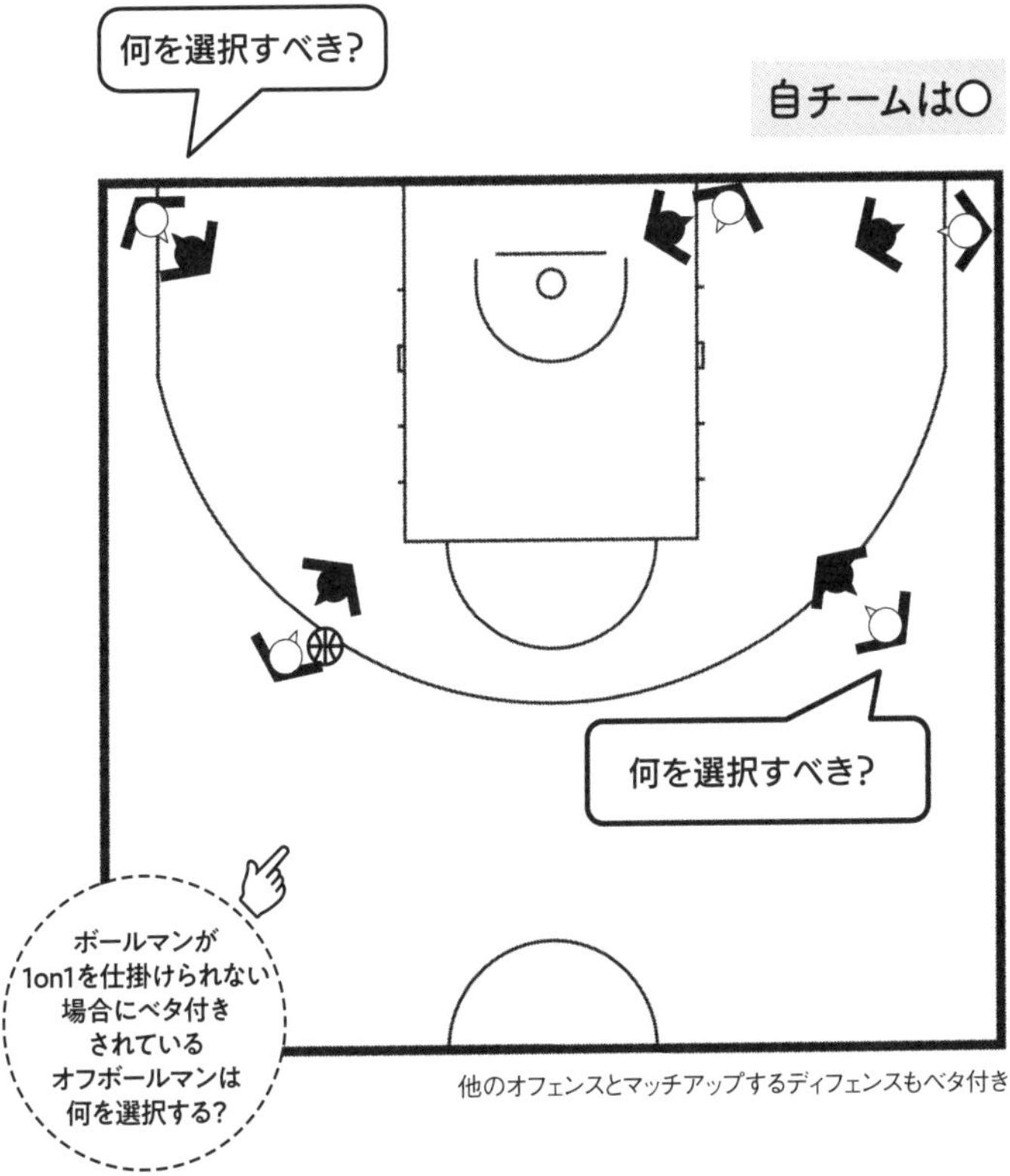
何を選択すべき?
自チームは○
何を選択すべき?
ボールマンが
1on1を仕掛けられない
場合にベタ付き
されている
オフボールマンは
何を選択する?

他のオフェンスとマッチアップするディフェンスもベタ付き

A N S W E R

正答例

「カットインが有効」

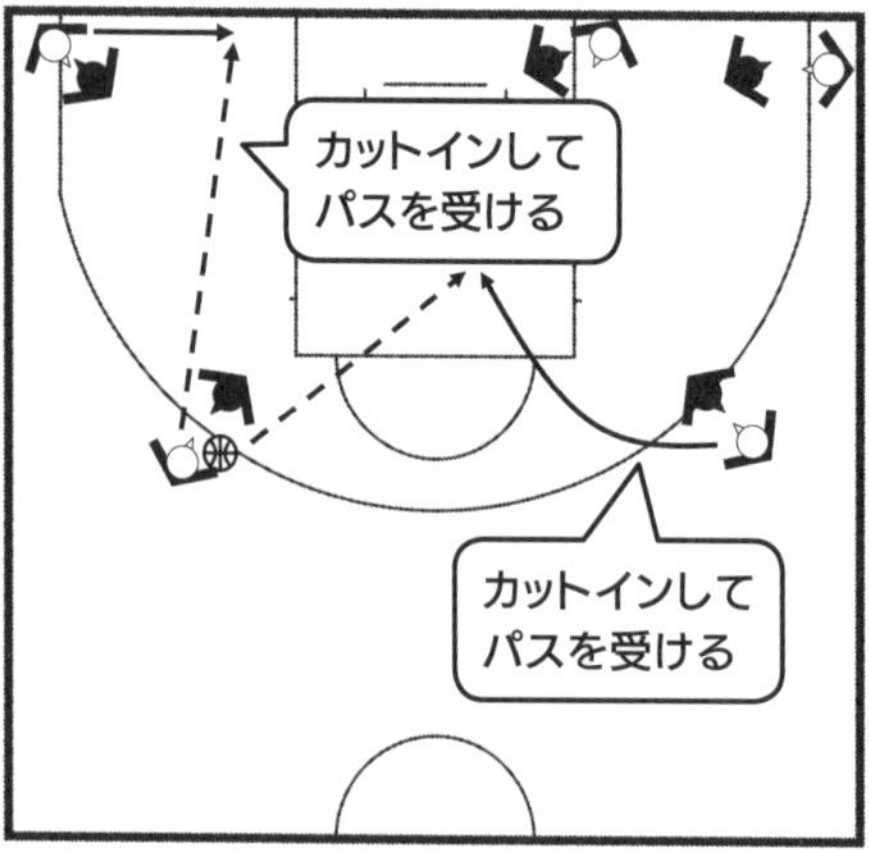
カットインして
パスを受ける
カットインして
パスを受ける

ゴール付近のスペースへ侵入してパスを受けると高確率のショットを放てる

容易にディフェンスをゴールラインから外せる

ボールマンが1on1を仕掛けられるスペースがある状況で注意したいことがあります。オフボールマンが不用意にゴール付近のスペースに侵入してしまうと、ボールマンがドライブを仕掛けようとしているスペースを潰してしまうことになります。この問題のシチュエーションではボールマンが1on1を仕掛けられないため、オフボールマンがスペースを利用することで、チャンスを作れる可能

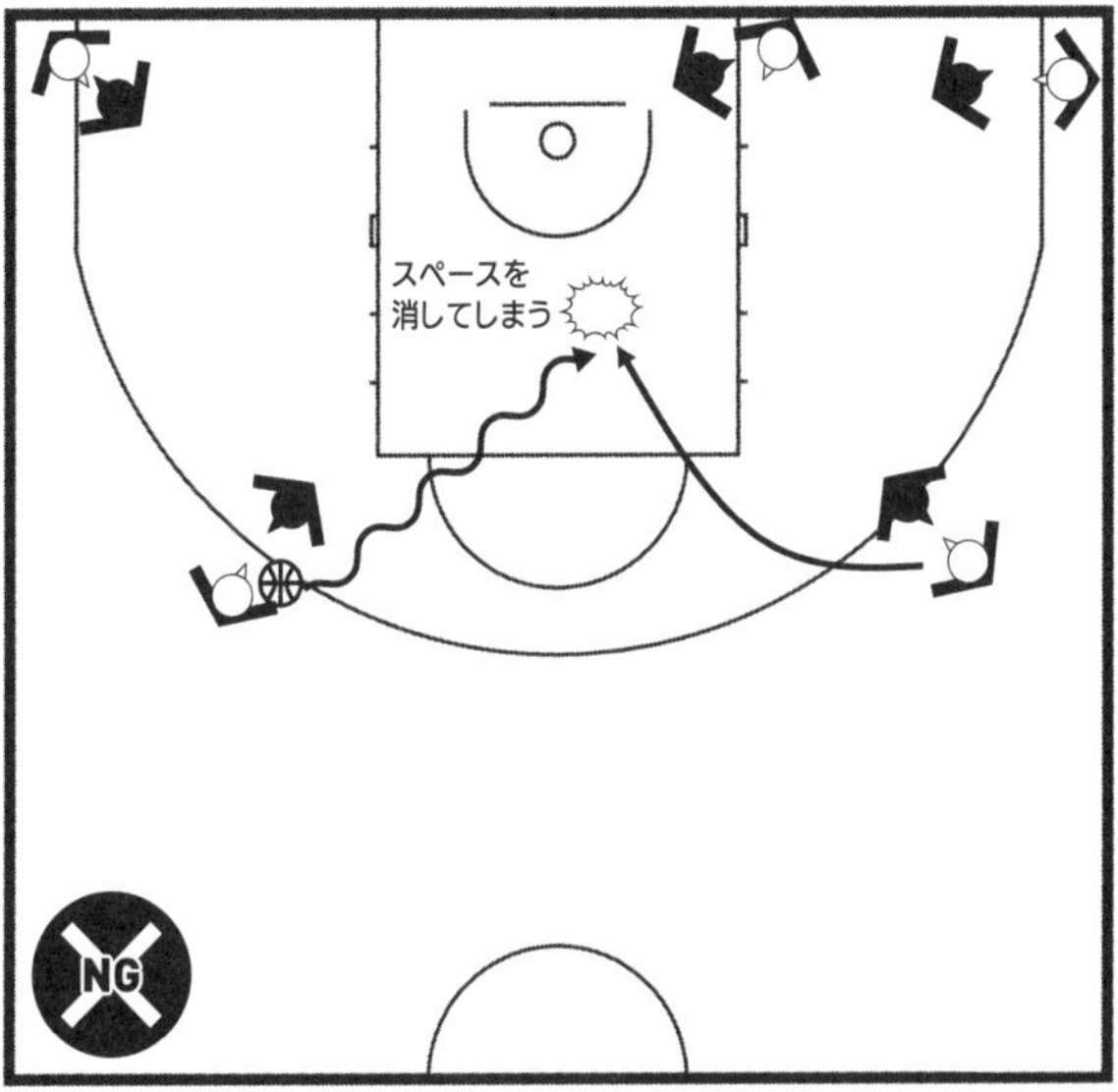
スペースを
消してしまう
NG

ボールマンがドライブを仕掛ける場合、オフボールマンが不用意に侵入するとスペースを潰してしまうことがある

性が高くなります。オフボールマンとマッチアップするディフェンスがベタ付きであれば、ディフェンスプレーヤーがオフェンスよりもゴール側に位置することによる有利性が低い状態といえます。したがって、オフボールマンはゴールに対して少し横に移動するだけで、ゴールラインからディフェンスプレーヤーを外すことができ、容易にゴール付近のスペースへと侵入することができます。ただし、他のオフボールマンのカットインとぶつからないように注意が必要です。

QUESTION

問題

12

オフェンス問題

ゴールライン上のディフェンスにベタ付きされているオフボールマンは「ボールサイドカット」と「バックドア」のどちらを選択すべきでしょうか

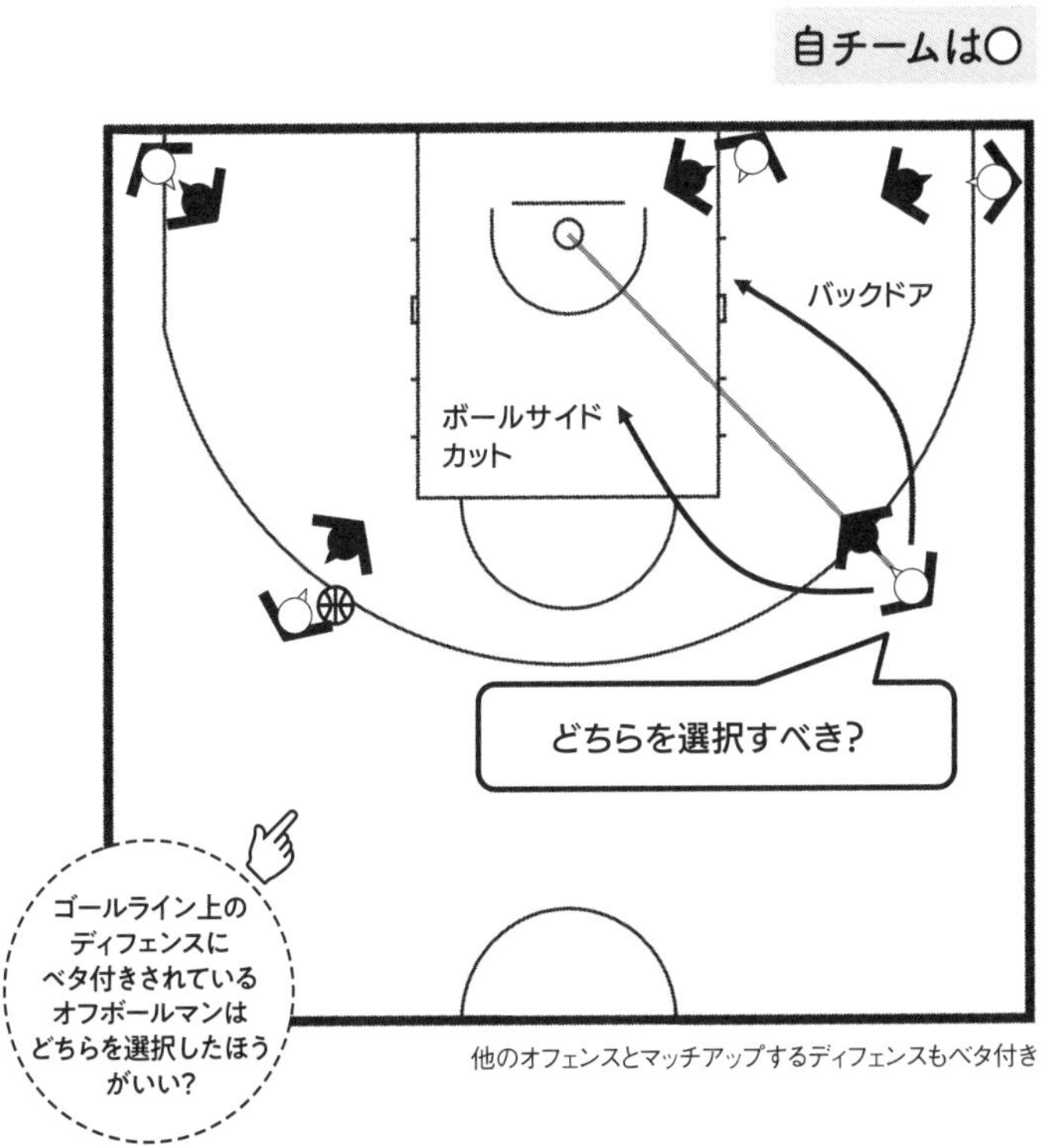
自チームは○
バックドア
ボールサイド
カット
どちらを選択すべき?
ゴールライン上の
ディフェンスに
ベタ付きされている
オフボールマンは
どちらを選択したほう
がいい?

他のオフェンスとマッチアップするディフェンスもベタ付き

ANSWER

正答例

ボールサイドカットを選ぶ

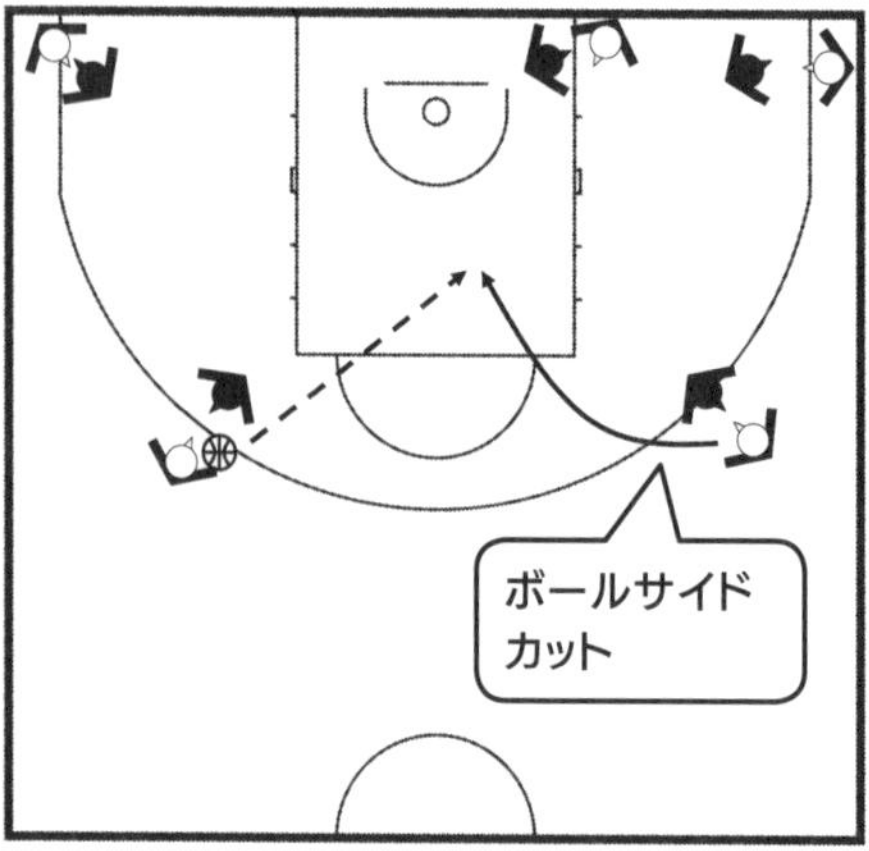

ディフェンスの対応が早くてもパスコースを遮られるリスクが少ない

パスカットされる可能性が低い

オフボールマンとマッチアップするディフェンスプレーヤーがゴールライン上でベタ付きの状態であれば、オフボールマンがゴールに対して少し横に移動するだけで、ゴールラインからディフェンスプレーヤーを外すことができます。したがって、他のオフェンスプレーヤーとマッチアップするディフェンスプレーヤーもベタ付きの状態であれば、ボールサイドカットとバックドアのいずれを選択して

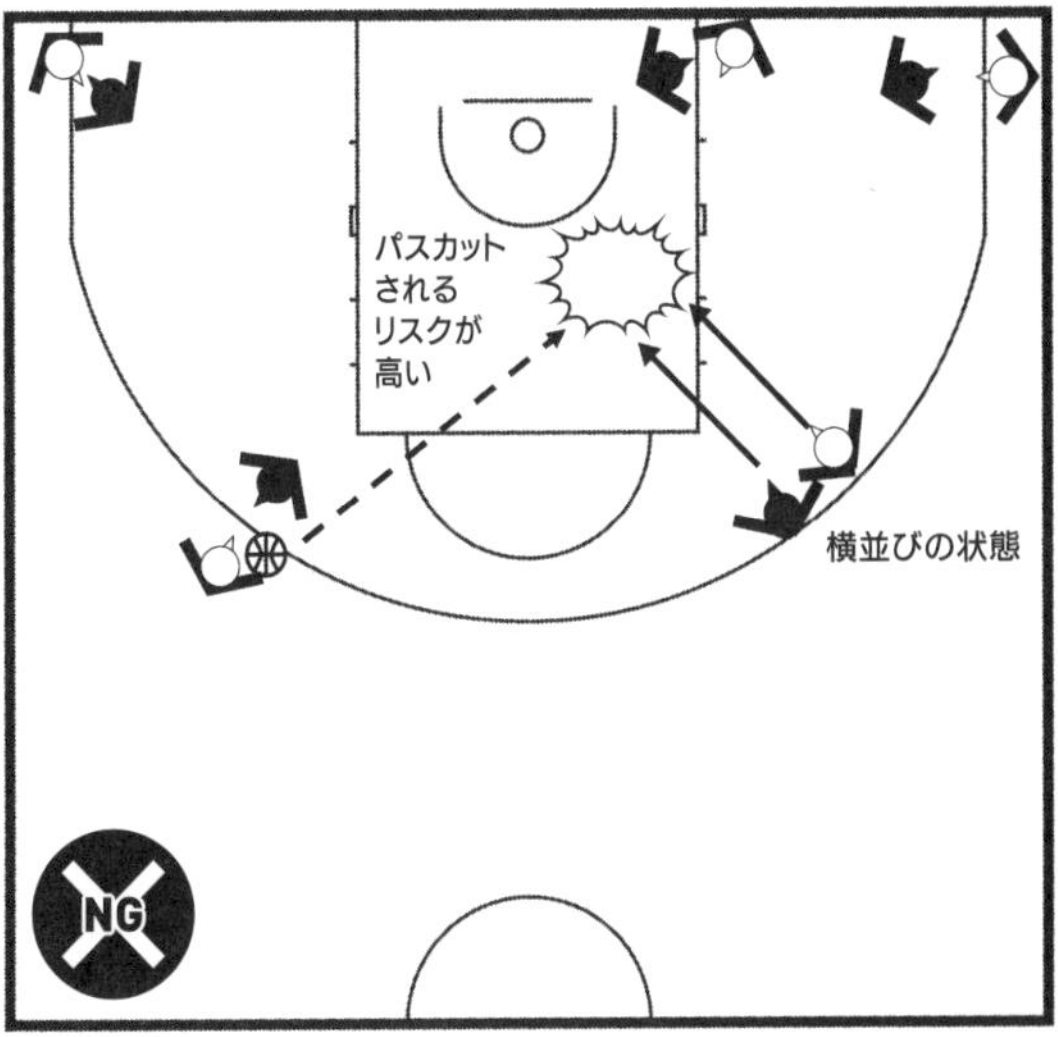
パスカット
される
リスクが
高い
横並びの状態
NG

バックカットでオフボールマンとディフェンスプレーヤーが並んだ状態になるとパスコースを遮られてしまう

も、容易にゴール付近のスペースに侵入することができるでしょう。ただし、ディフェンスプレーヤーの対応が早く、オフボールマンとディフェンスプレーヤーとゴールまでの距離が同じ位置、いわゆる「並んだ状態」になると、バックカットではパスコースを遮られてしまいます。一方、ボールサイドカットであれば、並んだ状態であっても、ディフェンスプレーヤーがパスコースを遮ることが難しくなります。したがって、よりパスカットされる可能性が低いボールサイドカットのほうが有効になるでしょう。

QUESTION

問題
13

ディフェンス問題

※ワンパスアウェイのアウトサイドのオフボールマンとマッチアップするディフェンスはどこに位置するとよいでしょうか

※ワンパスアウェイ：ボールマンから見て、ワンパスで届く距離

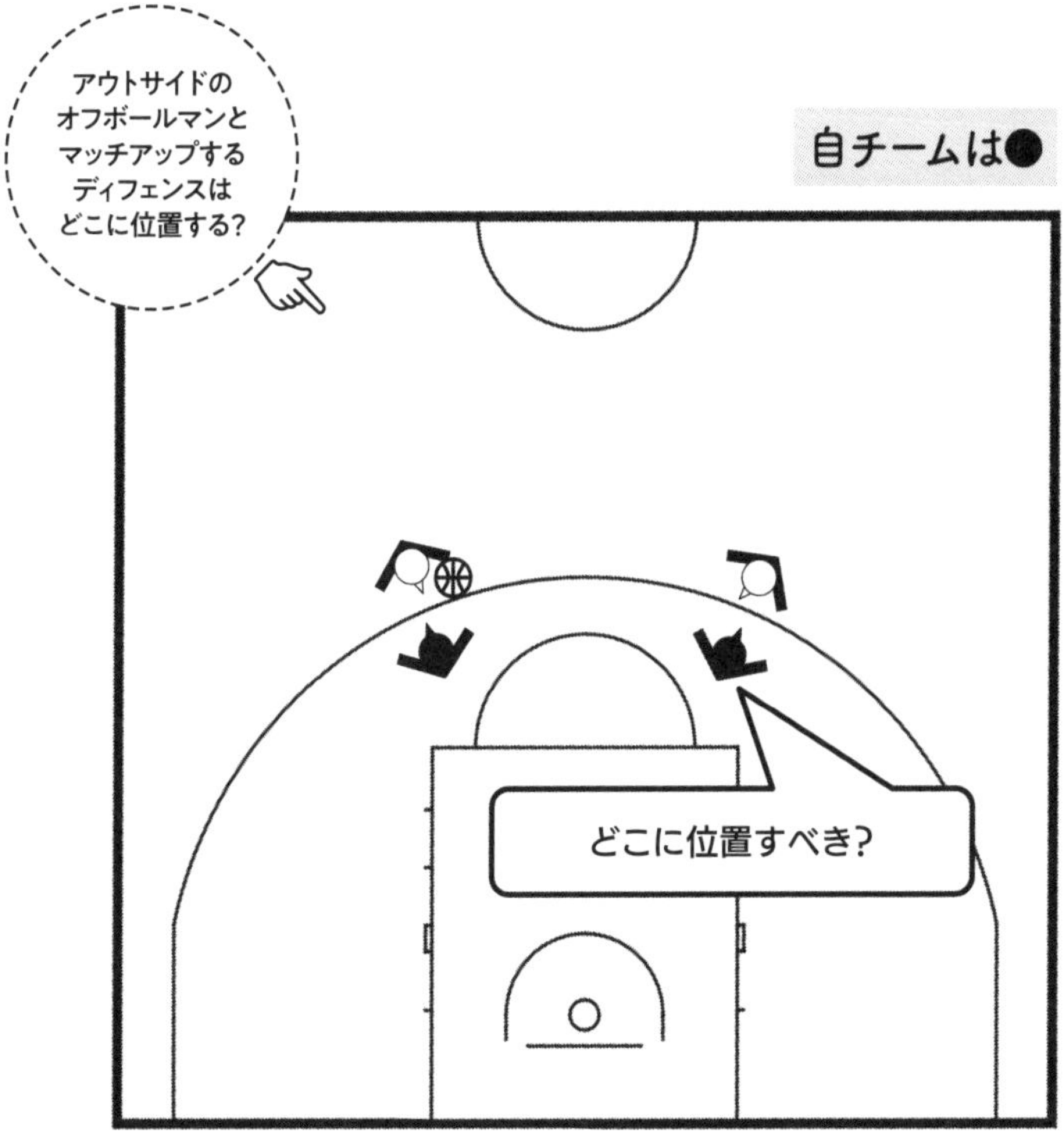
アウトサイドの
オフボールマンと
マッチアップする
ディフェンスは
どこに位置する?
自チームは●
どこに位置すべき?

ANSWER

正答例

「ゴールラインより ボールマンに近い位置」

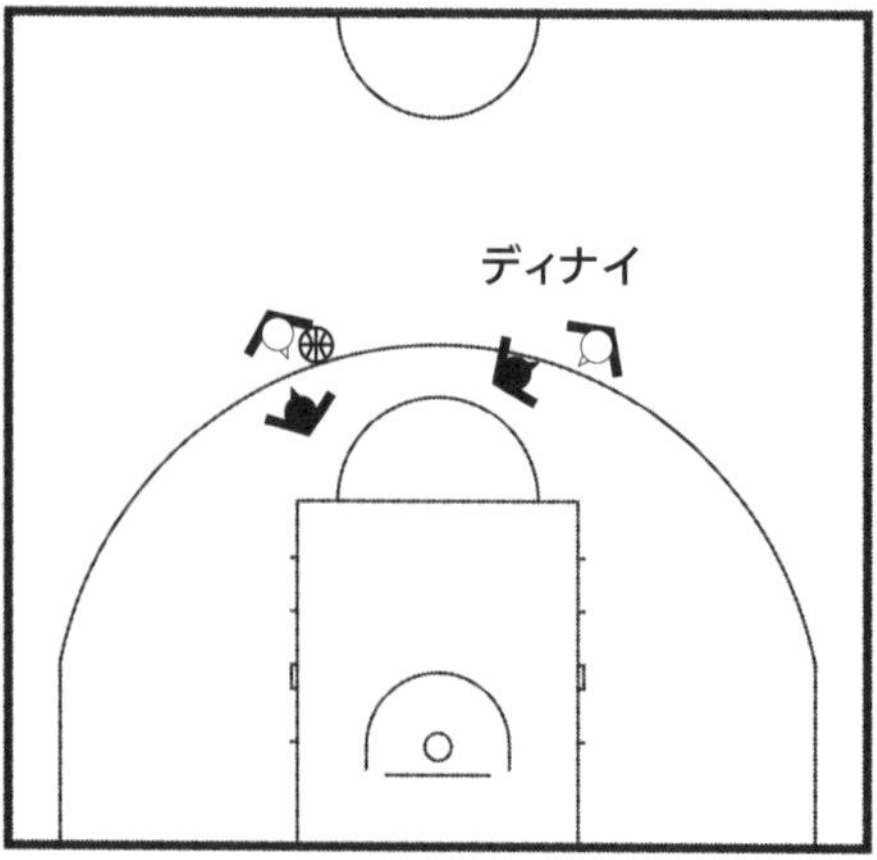

プレー例1

パスコースを潰す「ディナイ」をする

ボールマンのスペースを潰す

この位置については、次の2つの方法がよく用いられます。

まずはパスコースを潰す「ディナイ」です。オフボールマンのディフェンスはボールマンとオフボールマンを結ぶパスコースに手をかざせる位置につき、ボールマンが自身の方向にドライブし、ディフェンスを抜きそうになった場合には、そのコースに近づきドライブを牽制します。

もう1つの方法はボールマンがドライブするスペースに位置する

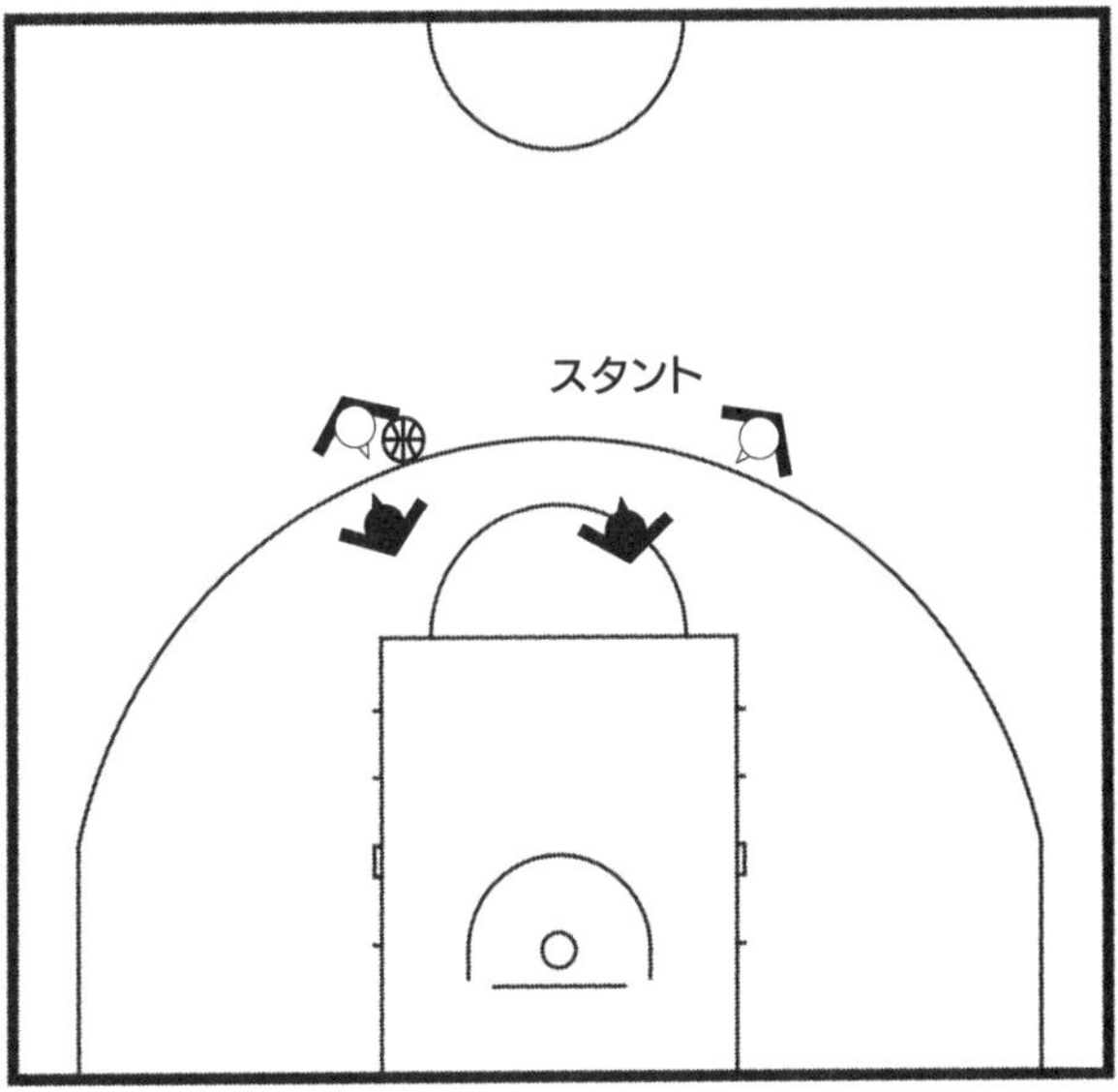

プレー例2 ドライブするスペースに位置する「スタント」という方法をとる

「スタント」です。ディナイと比較してオフボールマンにパスを容易に出されてしまいますが、パスを出された場合にはマイマンに戻る「ワンウェイ」だけなので、ディフェンスする位置に素早くつくことが可能です。宇都宮ブレックスでは、ボールサイドのウイングではディナイ、ウィークサイドではスタントを推奨しています。

いずれにしても、ワンパスアウェイに位置するアウトサイドのオフボールマンのディフェンスは、ゴールラインよりもボールマンの近くに位置することになります。

QUESTION

問題
14

オフェンス問題

「オフボールマンはマッチアップするディフェンスがゴールラインよりもボールマンに近づき、自分を視野に入れていない場合、何を選択すべきでしょうか」

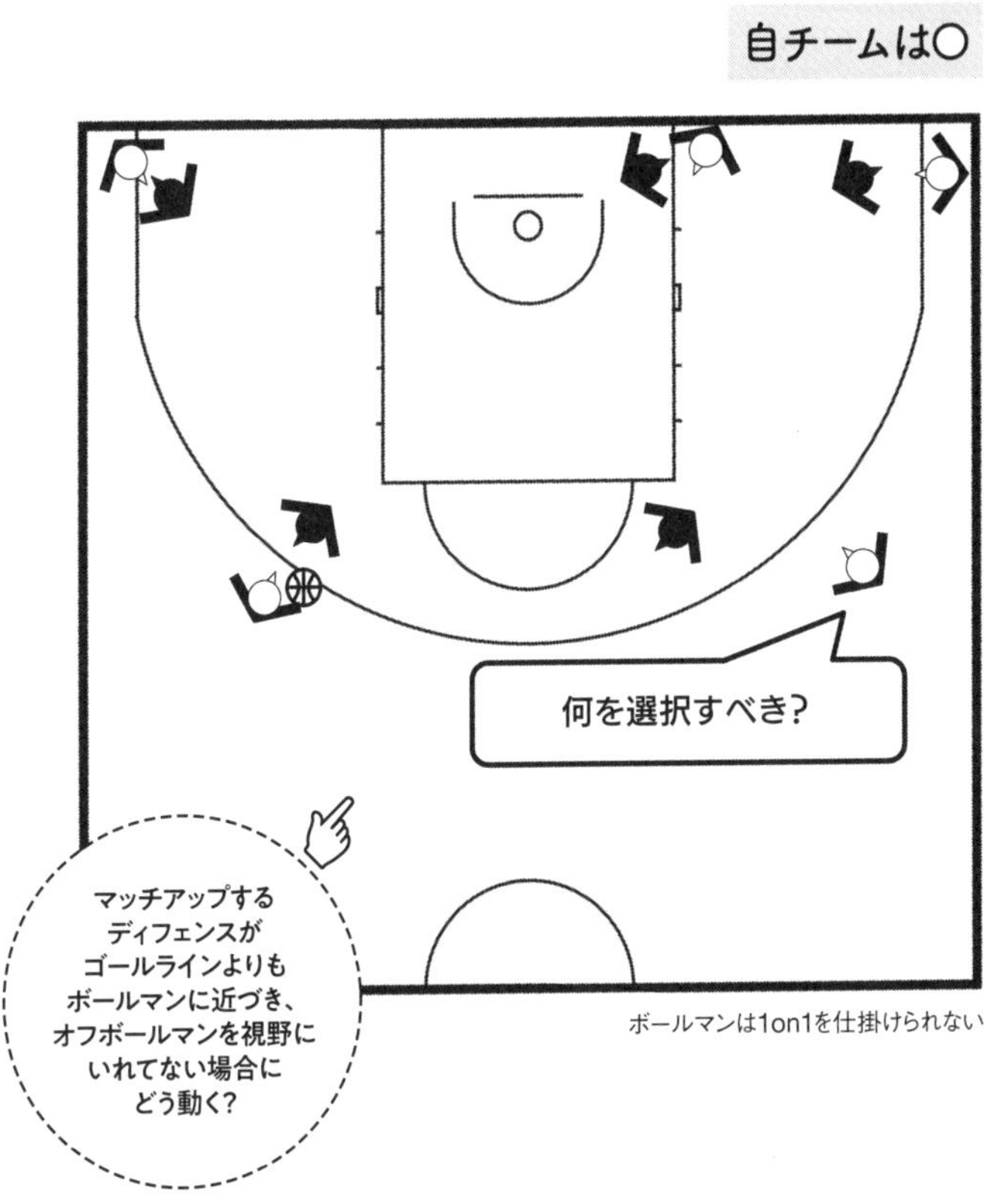
自チームは○
何を選択すべき?
マッチアップするディフェンスがゴールラインよりもボールマンに近づき、オフボールマンを視野にいれてない場合にどう動く?

ボールマンは1on1を仕掛けられない

ANSWER

正答例

「バックドアで侵入する」

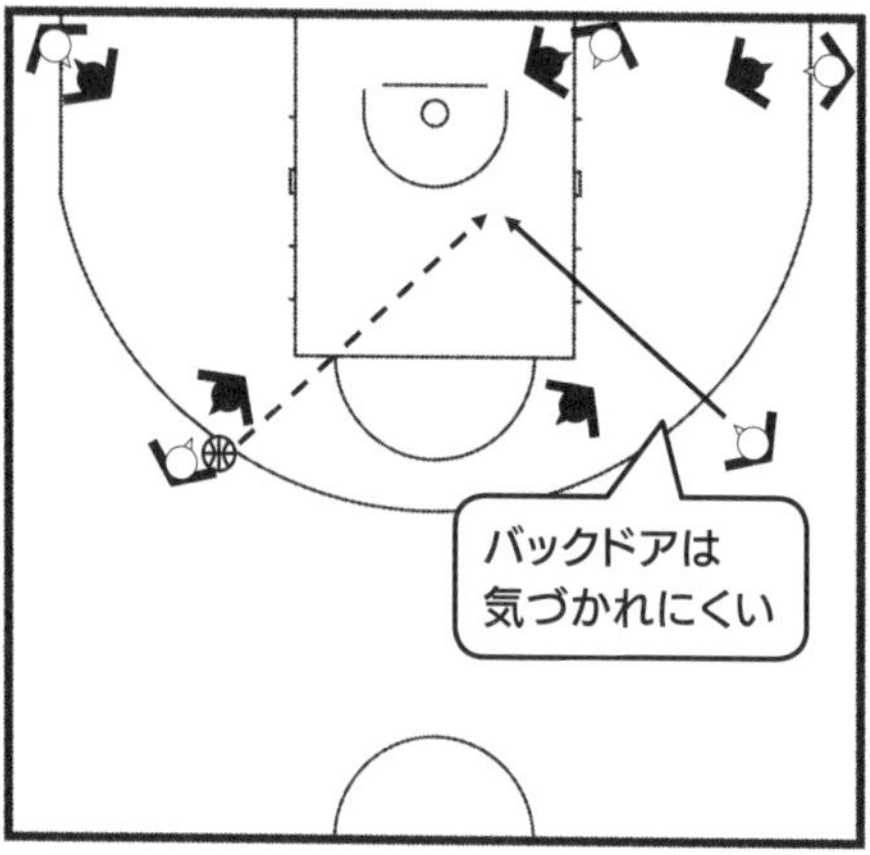
バックドアは
気づかれにくい

ディフェンスの視界に入っていないため、バックドアにより気づかれずにゴール付近に侵入できる

気づかれないように
ゴール付近に侵入

オフボールマンとマッチアップするディフェンスはゴールラインよりもボールマンの近くに位置し、パスコースを遮断したり、ボールマンがドライブするスペースを潰したりします。この時、ディフェンスがマッチアップするオフボールマンから目を切っていることがあります。

オフボールマンのディフェンスはボールマンが抜いてきた時に対応するため、ボールマンに

ボールマンとマッチアップするディフェンスが抜かれる
可能性が高いほど、目を切る傾向にある

過度な注意を向け、オフボールマンから目を切ってしまうのです。

こうした状況でボールサイドカットをしてしまうと、自からディフェンスの視界に入ってしまうことになります。一方、バックドアであればディフェンスの視界に入ることなく、気づかれずにゴール付近に侵入してパスを受けることができます。また、ボールマンがドライブを開始したタイミングもバックドアのチャンスになります。

QUESTION

問題 15

ディフェンス問題

「ボールマンがベースラインドライブでマッチアップするディフェンスを抜きました。どのディフェンスが対応すべきでしょうか」

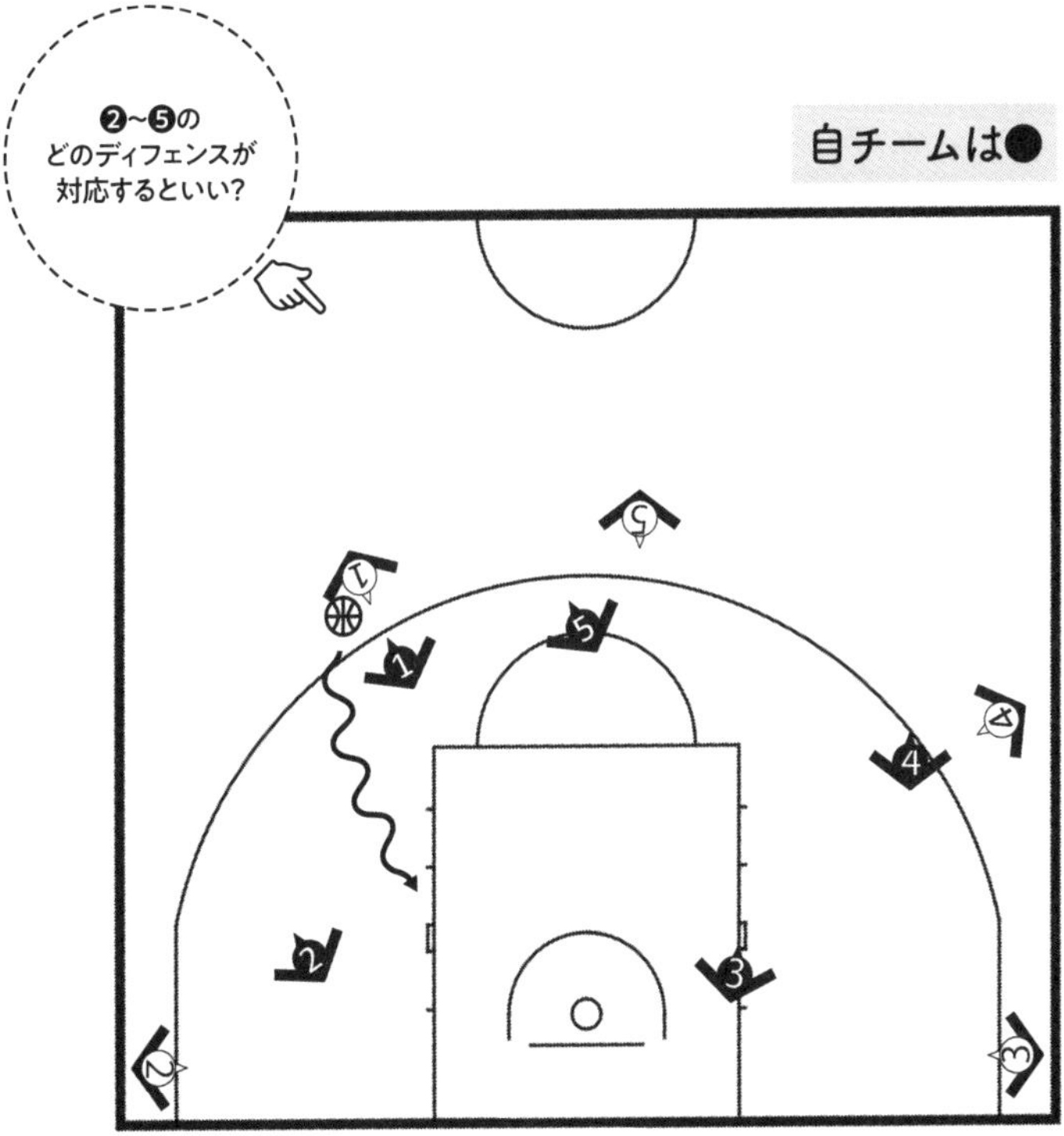

全オフェンスプレーヤーは高確率で3ポイントを決めることができる

ANSWER

正答例

ウィークサイドのベースライン側のゴール近くに位置するディフェンス❸

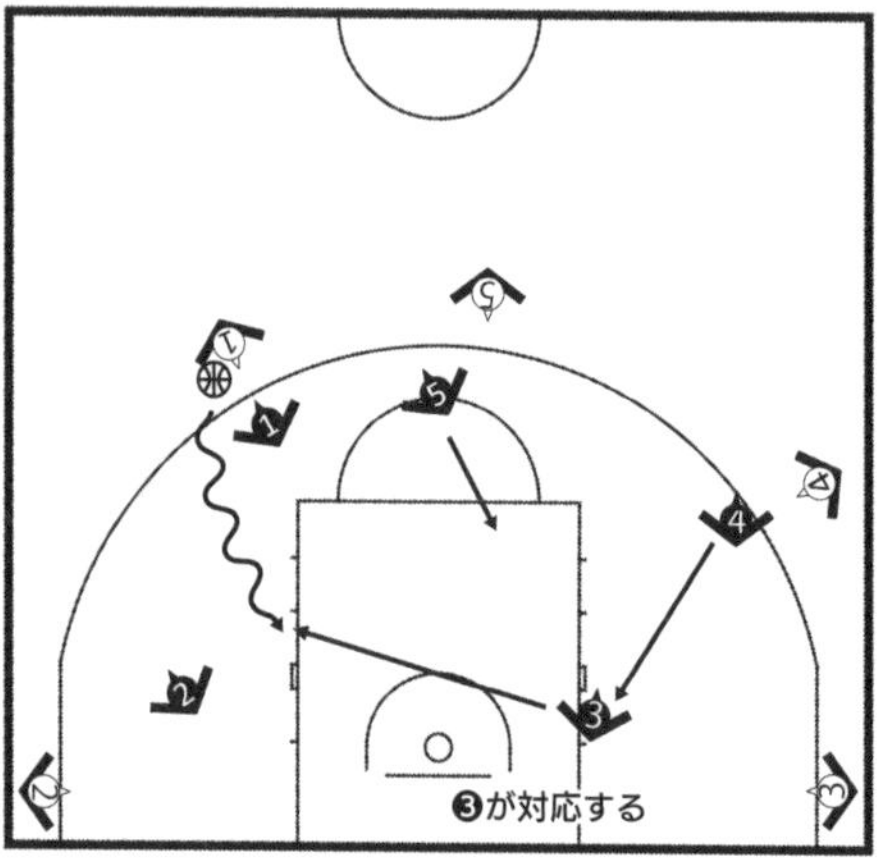

ボールマンのベースラインドライブに対しては、ウィークサイドのベースライン側のゴール近くのディフェンスが対応することが基本となる

その後の展開に対してローテーションで対応できる

ボールマン①がベースラインドライブで❶を抜いてきた場面で、ボールサイドのオフボールマン②とマッチアップするディフェンス❷が①に対応すると、①から②にパスが出され、❷が②に戻るのが間に合わずに3ポイントショットを放たれてしまいます。また❸が②に出ていくには距離が長すぎて間に合いません。現代バスケでは、コーナースリーの成功率が高く、ディフェンスにとっては脅威とな

NG
誰も対応しなければ
高確率のショットを放たれる
❷が対応すると
①から②へ
パスを出される
②の対応には
距離がありすぎて
間に合わない

ボールサイドのオフボールマンが対応しようとすると、パスを出されてショットを放たれるリスクが高くなる

るため、コーナースリーは打たせたくありません。

一方、①のベースラインドライブにウィークサイドのベースライン側のゴール近くに位置するディフェンス❸が対応すれば、③にパスが出されたとしても❹が対応することが可能です。

したがって、ボールマンのベースラインドライブに対しては、ウィークサイドのベースライン側のゴール近くに位置するディフェンスが対応することが基本になります。

QUESTION

問題 16

ディフェンス問題

「ウィークサイドのベースライン側でゴール近くに位置するディフェンスはどこに位置すべきでしょうか」

全オフェンスプレーヤーが高確率で3ポイントを決めることができる

ANSWER

正答例

「ボールマンによるペイントへの侵入阻止に間に合う位置」

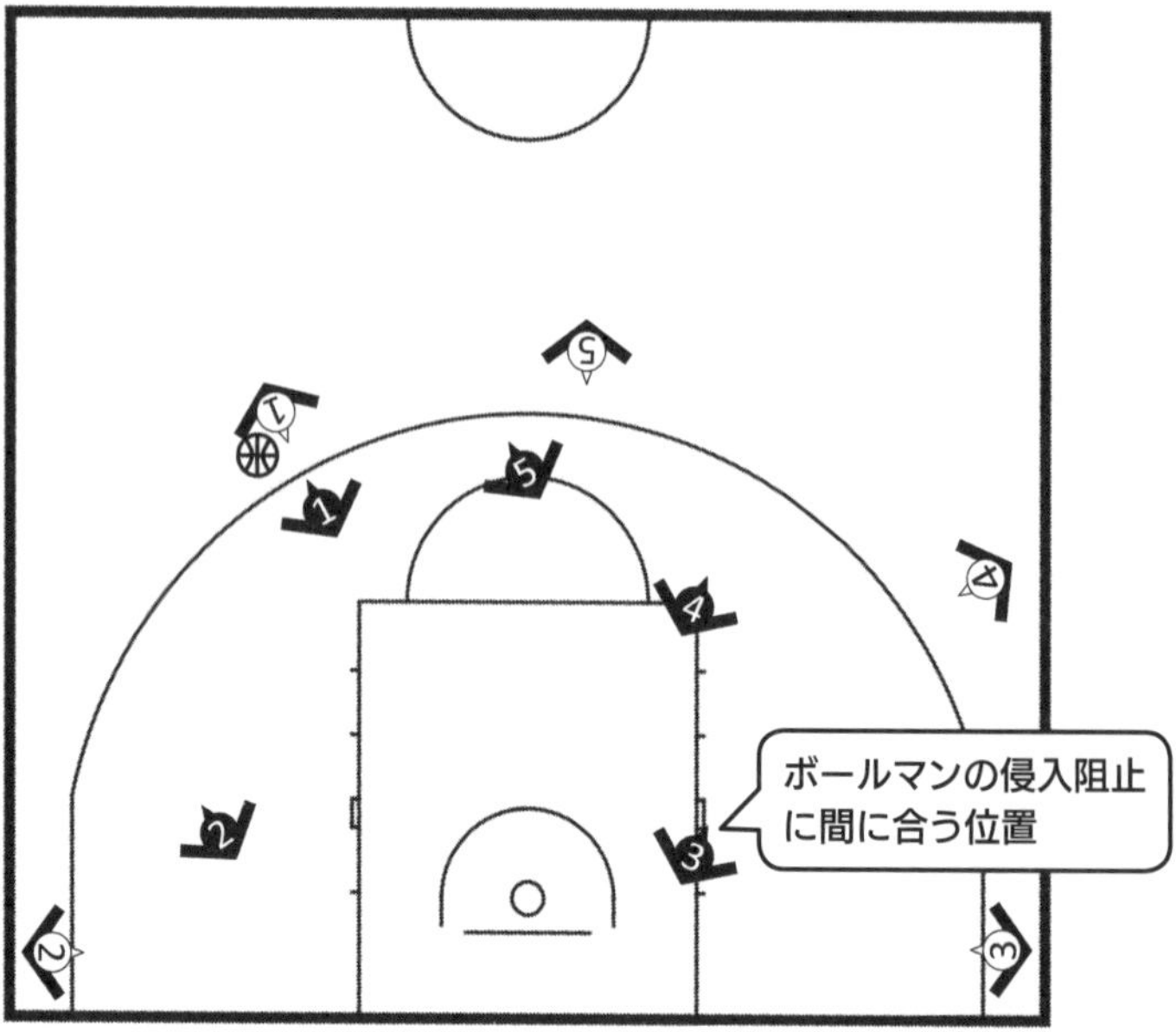

①がペイント内に侵入するのを阻止したいので、①によるペイントへの侵入阻止に間に合う距離に位置することが求められる

スペースを潰す

問題の図から理解できるように❸が③にベタ付きしてしまうと、①のベースラインドライブに対応するために長い距離を走らなくてはならず、①にゴール付近まで侵入され、高確率のショットを放たれてしまう可能性が高くなります。そのため、目安としては①がペイント内への侵入を阻止したいものです。したがって、ウィークサイドのベースライン側でゴール近くに位置するディフェンス❸には、ボールマン①によるペイントへの侵入阻止に間に合う距離に位置することが求められます。

また、❸がこの距離に位置することで、ゴール付近のスペースを潰す役割も果たします。この役割は、ウィークサイドに位置するオフボールマン④とマッチアップするディフェンス❹にも求められます。そのため、❹はマッチアップするオフボールマン④から離れてゴール付近のスペースを潰せる位置につきます。

QUESTION

問題
17

オフェンス問題

「ボールマンの能力からすると
1on1をするスペースはあるものの
ディフェンスが離れているワンパスアウェイの
オフボールマンがいる場合、
何を選択すべきでしょうか」

自チームは○

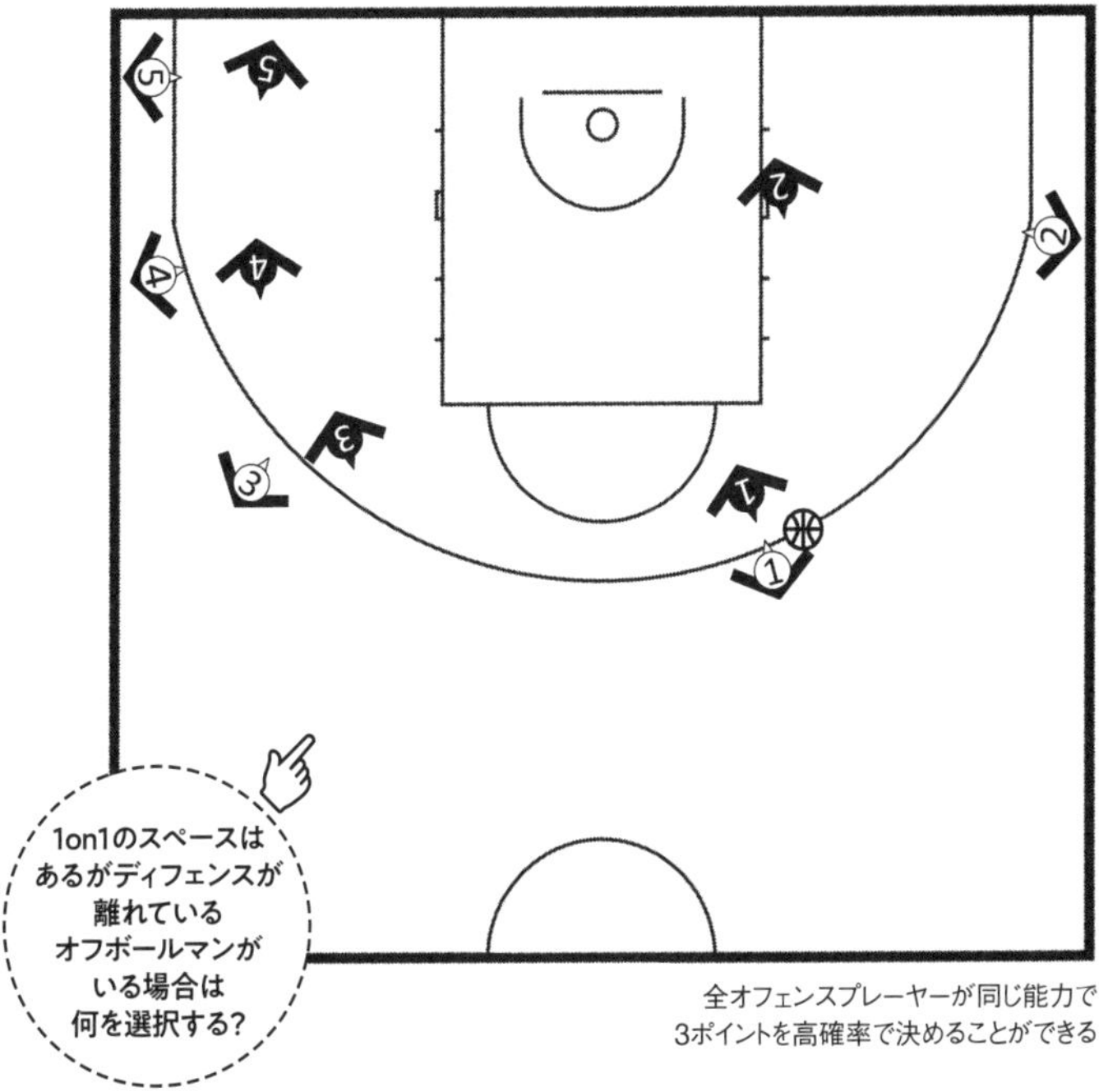
5
5
4
4
3
3
2
2
1
1
1on1のスペースはあるがディフェンスが離れているオフボールマンがいる場合は何を選択する?

全オフェンスプレーヤーが同じ能力で
3ポイントを高確率で決めることができる

ANSWER

正答例

**ワンパスアウェイのオフボールマンに
パスをしてロングクローズアウトを作る**

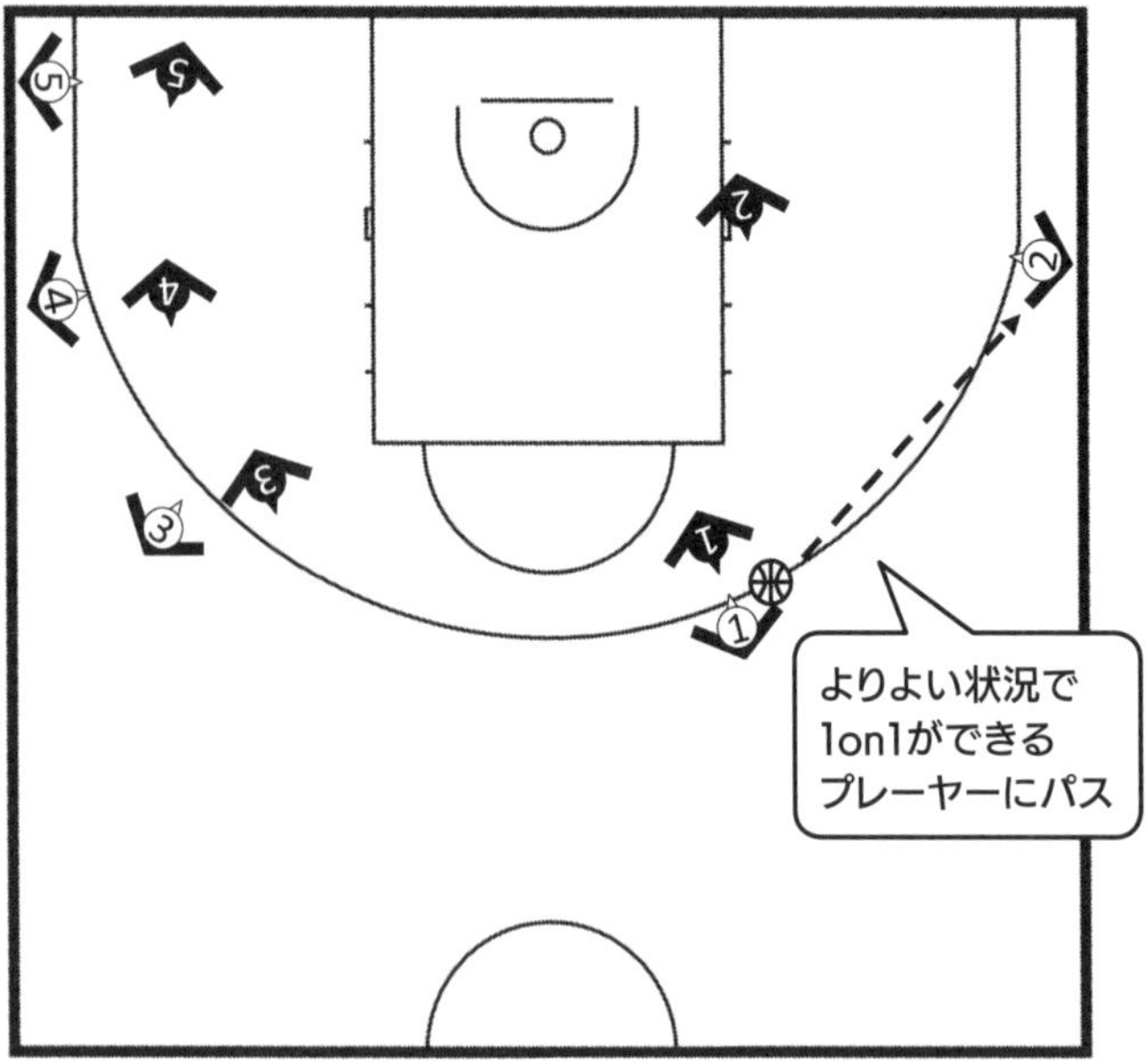
よりよい状況で
1on1ができる
プレーヤーにパス

よりよい状況で1on1ができるオフボールマンにパスをしたほうが、よりよい選択となる

よりよい状況で１ｏｎ１ができるプレーヤーにボールを持たせる

マッチアップするディフェンスがドライブライン上で適切な間合いに位置する、がっぷり四つの状況で１ｏｎ１をするのと、ディフェンスがショットを放たせまいと長い距離を走って勢いよく向かってくるロングクローズアウトの状況で１ｏｎ１をするのでは、ロングクローズアウトの状況で１ｏｎ１をするほうが、よりオフェンスが有利な状況になります。なぜなら、３ポイントをノーマークで放つことや、ディフェンスプレーヤーが自身に向かってくる勢いを利用し、カウンターでドライブすることができるからです。

そのためボールマンの能力からすると１ｏｎ１をするスペースがあったとしても、よりよい状況で１ｏｎ１ができるオフボールマンがいるのであれば、そのプレーヤーにパスをしたほうがよりよい選択となります。

したがって、ボールマンはディフェンスが離れているワンパスアウェイのオフボールマンにパスをし、よりよい状況で１ｏｎ１をさせるとよいでしょう。

QUESTION

問題
18

オフェンス問題

「3ポイントのないボールマンはマッチアップするディフェンスが有利性を高めるために離れた場合、何を選択すべきでしょうか」

自チームは○

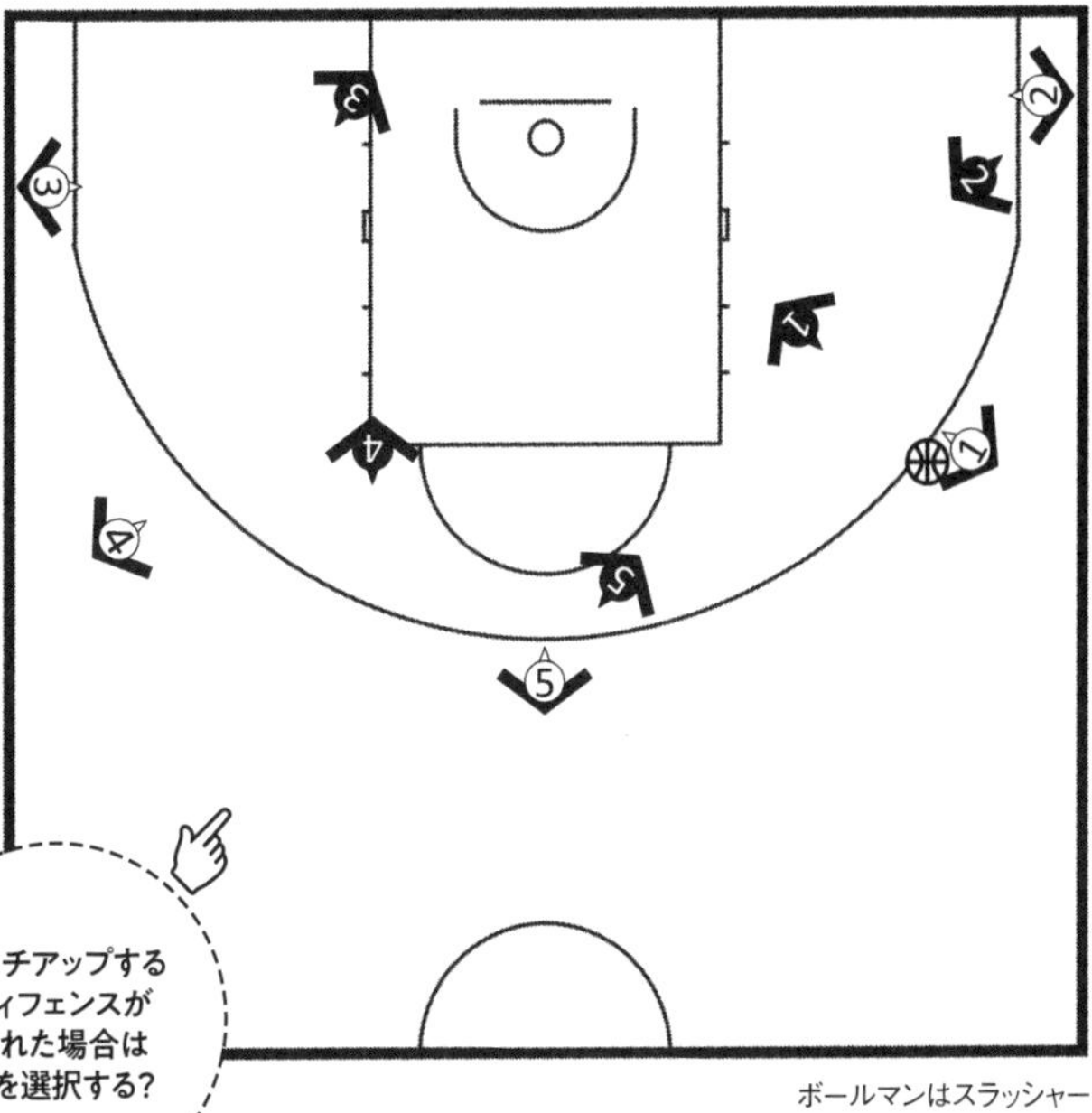

マッチアップする
ディフェンスが
離れた場合は
何を選択する?

ボールマンはスラッシャー
①以外のオフェンスプレーヤーは3ポイントを高確率で決めることができる

ANSWER

正答例

「ウィークサイドのオフボールマン③にスキップパス」

ウィークサイドの③にスキップパスを出してロングクローズアウトの状況を作り出す

ロングクローズアウトを作る

ボールマン①がドライブの得意なスラッシャーであったとしても、間合いを大きくとってディフェンスの有利性を高めたディフェンスを抜いてゴール付近に侵入することは困難です。

その一方でディフェンスが大きく間合いをとっている状況なので、フリーで3ポイントショットを放つことができますが、確率の低い3ポイントショットを放つのは有効ではありません。

図ではウィークサイドに位置するオフボールマン③、④とマッチアップするディフェンス❸、❹がスラッシャーであるボールマン①のドライブを警戒し、ゴール付近のスペースを潰すためにスロットラインまでボールマンに近づいています。そこで、ボールマンはウィークサイドに位置するオフボールマンに、スキップパスを出すことでロングクローズアウトの状況を作り出し、よりよい状況での1on1をさせることができます。この問題の図では④よりも③へのパスコースのほうがクリアなので、③にスキップパスを出して1on1をさせるのがよいでしょう。

QUESTION

問題
19

オフェンス問題

「スキップパスが出された時によい状況で1on1をするために、ウィークサイドのオフボールマン③④は事前に何をすべきでしょうか」

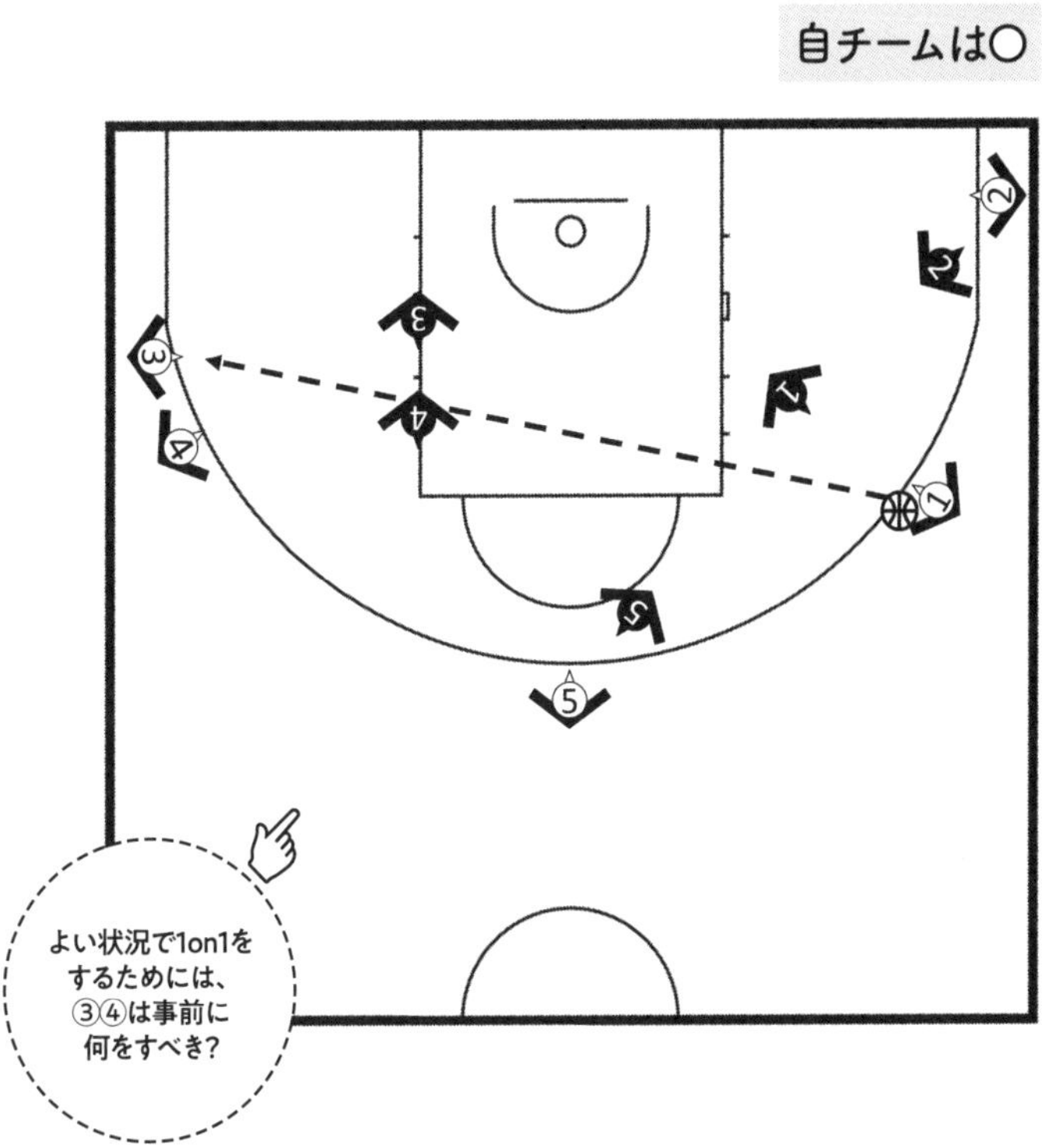
自チームは○
よい状況で1on1をするためには、③④は事前に何をすべき?

A N S W E R

正答例

オフボールマン同士が互いに距離をとる

パスを受けた時によりよい1on1ができるよう、互いに距離をとることが求められる

オフボールマンがパスを受けた時に よりよい1on1ができるスペースを作っておく

問題の図では、ボールマン①が1on1をするスペースを作り出せています。しかし①からオフボールマン③へスキップパスが出された場合、マッチアップするディフェンス❸がロングクローズアウトで③へと向かってきて、カウンターでドライブをしようとしても❹が邪魔になり、ドライブの選択肢がベースラインドライブの1択になってしまいます。

オフボールマン同士③④が互いに距離をとることで①から③へとスキップパスが出され、❸がロングクローズアウトで③へと向かってきた場合、③はドライブの選択肢としてミドルドライブとベースラインドライブの2つを持つことができます。したがって、オフボールマン同士であってもパスを受けた時には、よりよい1on1ができるように互いに距離をとることが求められます。このシチュエーションでは③がディープコーナー、④がワイドウイングに位置すると、お互いの距離を長くとることができます。

QUESTION

問題
20

ディフェンス問題

「ボールマンによるウィークサイドへの
スキップパスでロングクローズアウトを
作られたくない場合、
ディフェンス側はどうすべきでしょうか」

ボールマンに
ロングクローズアウトを
作られたくない場合に
ディフェンスは
どうする?

自チームは●

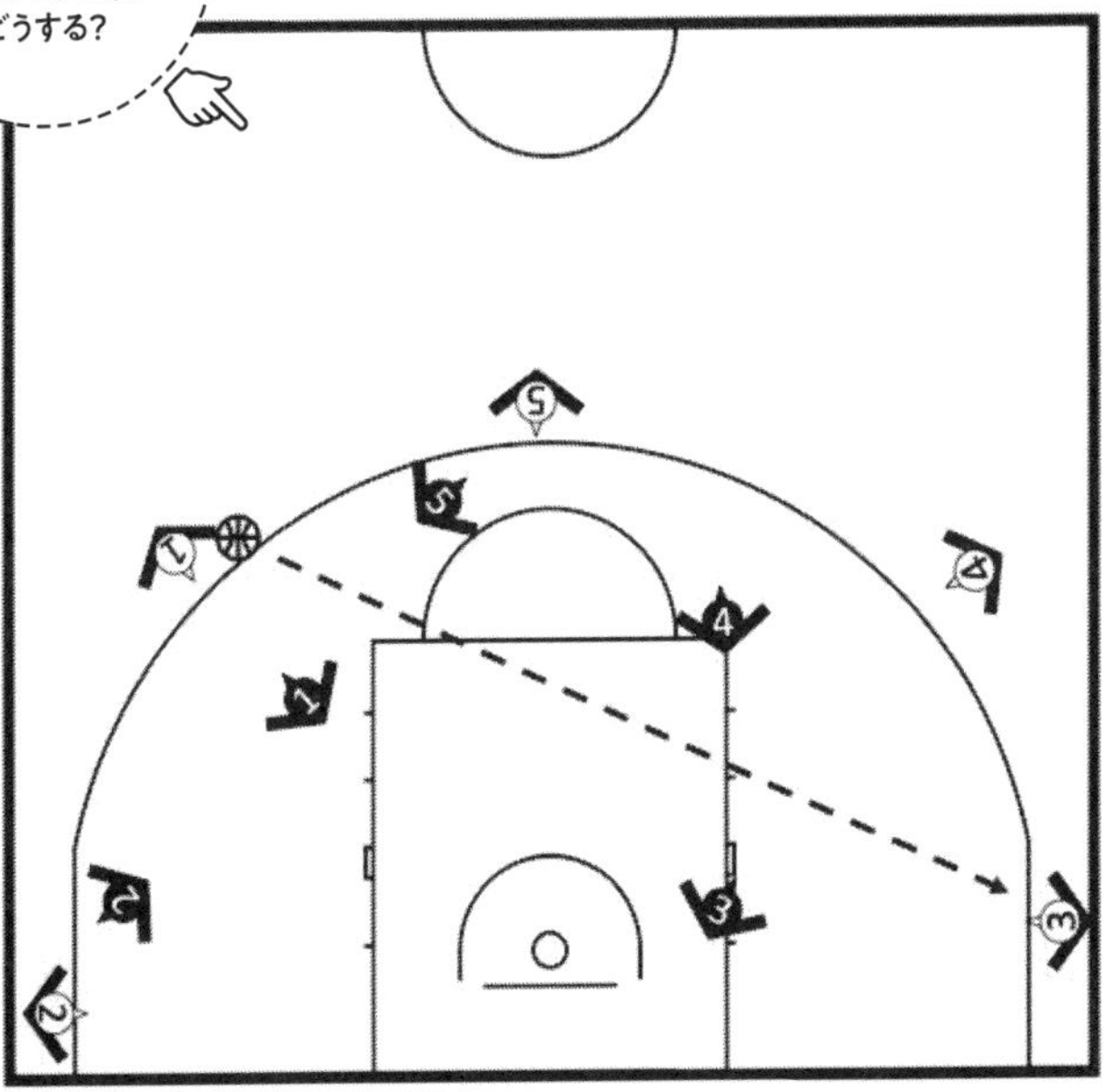

①は3ポイントのないスラッシャー
①以外のオフェンスプレーヤーは3ポイントを高確率で決めることができる

A N S W E R

正答例

「ボールマンに
プレッシャーをかける」

❶は①との距離を一定程度詰めて①にプレッシャーをかける

ライナーなスキップパスを出させない

❶が①との距離を大きくとっている場合、❸❹が③④から離れてゴール付近のスペースを潰していると、③④にライナーなスキップパスを出され、ロングクローズアウトを作られてしまいます。そこで、ボールマン①がウィークサイドのオフボールマン③④にライナーなパスを出せる距離に位置する場合、❶は①との距離を一定程度詰め、①にプレッシャーをかける必要があります。この距離は、①が③④にコントロールしてライナーなパスを出せない距離になります。

①が❶のプレッシャーを避け、③④にライナーではない浮いたパス、つまり対空時間の長いスキップパスを出せば、たとえパスが通ったとしても、❸❹は③④がボールを保持した時には適切なディフェンスポジションにつくことができます。パスカットする可能性もあります。

また、他の手段として、❶が①との距離を大きくとる場合、❸❹がゴール付近のスペースを潰すのは、ライナーなパスを出されても③④のディフェンスに戻れる距離に位置をとどめておくことがあげられます。

QUESTION

問題

21

オフェンス問題

⑤は、❺が②のドライブに対して
ヘルプディフェンスに向かうのを
難しくするために
どこに位置すべきでしょうか

自チームは○

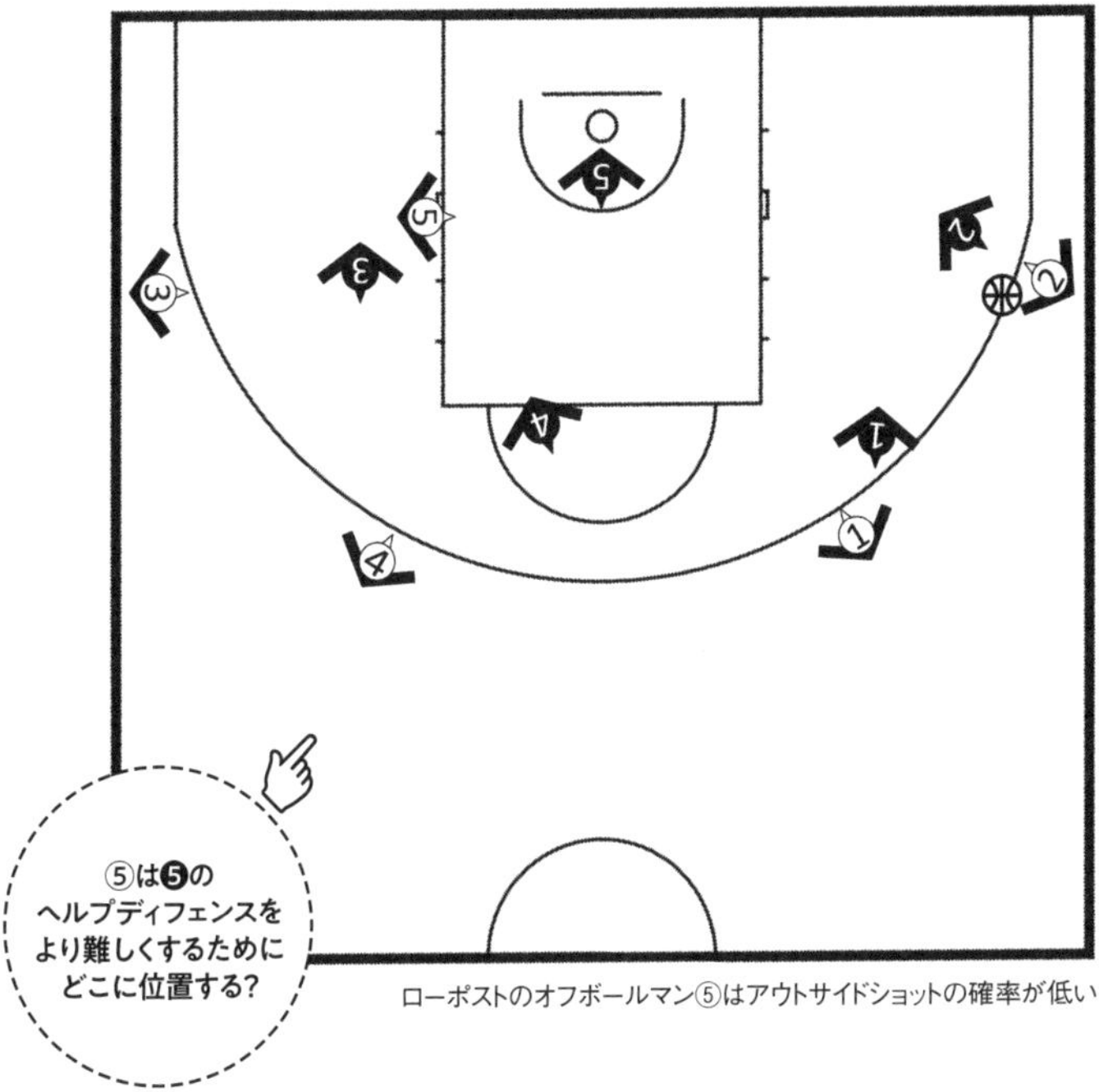
⑤は❺の
ヘルプディフェンスを
より難しくするために
どこに位置する?

ローポストのオフボールマン⑤はアウトサイドショットの確率が低い

A N S W E R

正答例

デッドローにポジションをとる

ビッグブロックよりもデッドローに位置するほうがヘルプディフェンスをより難しくできる

ヘルプへの距離を長くする

ローポストに位置するオフボールマン⑤とマッチアップするディフェンス❺は通常、ボールマン②と⑤を視野に入れ、⑤にパスされず、さらにはボールマン②によるペイントへの侵入阻止に間に合う位置にポジションをとります。

ボールマン②がマッチアップするディフェンス❷を抜いてリングへと向かってドライブし、❺がボールマン②によるペイントへの侵入を阻止しようとした時、⑤がビッグブロックよりもデッドローに位置するほうが、❺がボールマン②によるペイントへの侵入を阻止する位置に移動する距離が長くなります。つまり、⑤はビッグブロックに位置するよりもデッドローに位置するほうが❺のヘルプディフェンスをより難しくすることができることになります。

もちろん、⑤がアウトサイドショットを高確率で決めることができるプレーヤーであれば、⑤はアウトサイドに位置してボールマンとの距離をとる方法も有効でしょう。

QUESTION

問題

22

オフェンス問題

「ボールマンがよりよい状態で
1on1をするスペースを作り出すために
オフボールマンは何をすべきでしょうか」

自チームは○

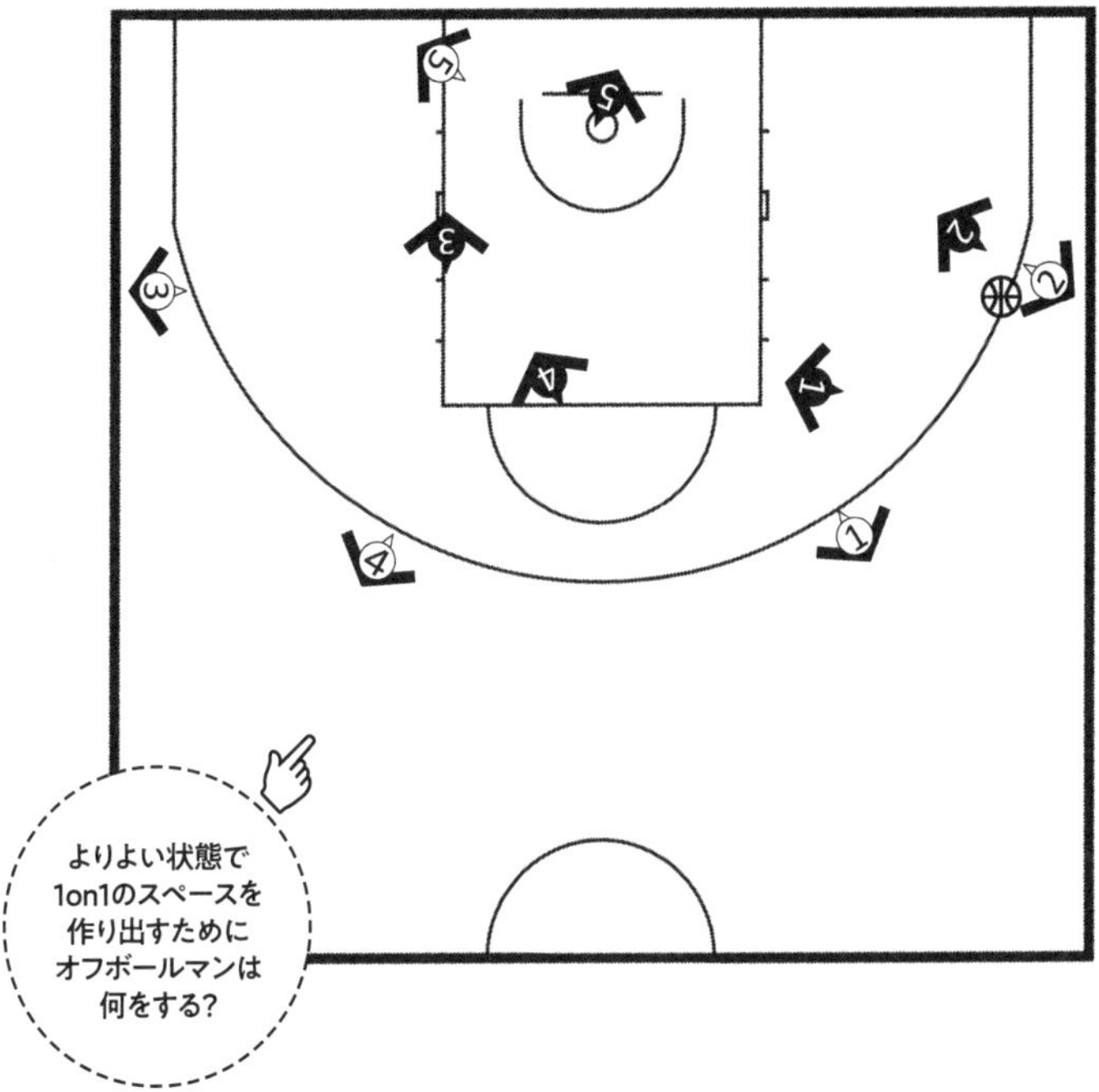
よりよい状態で
1on1のスペースを
作り出すために
オフボールマンは
何をする?

ANSWER

正答例

移動してスペースを作り出す

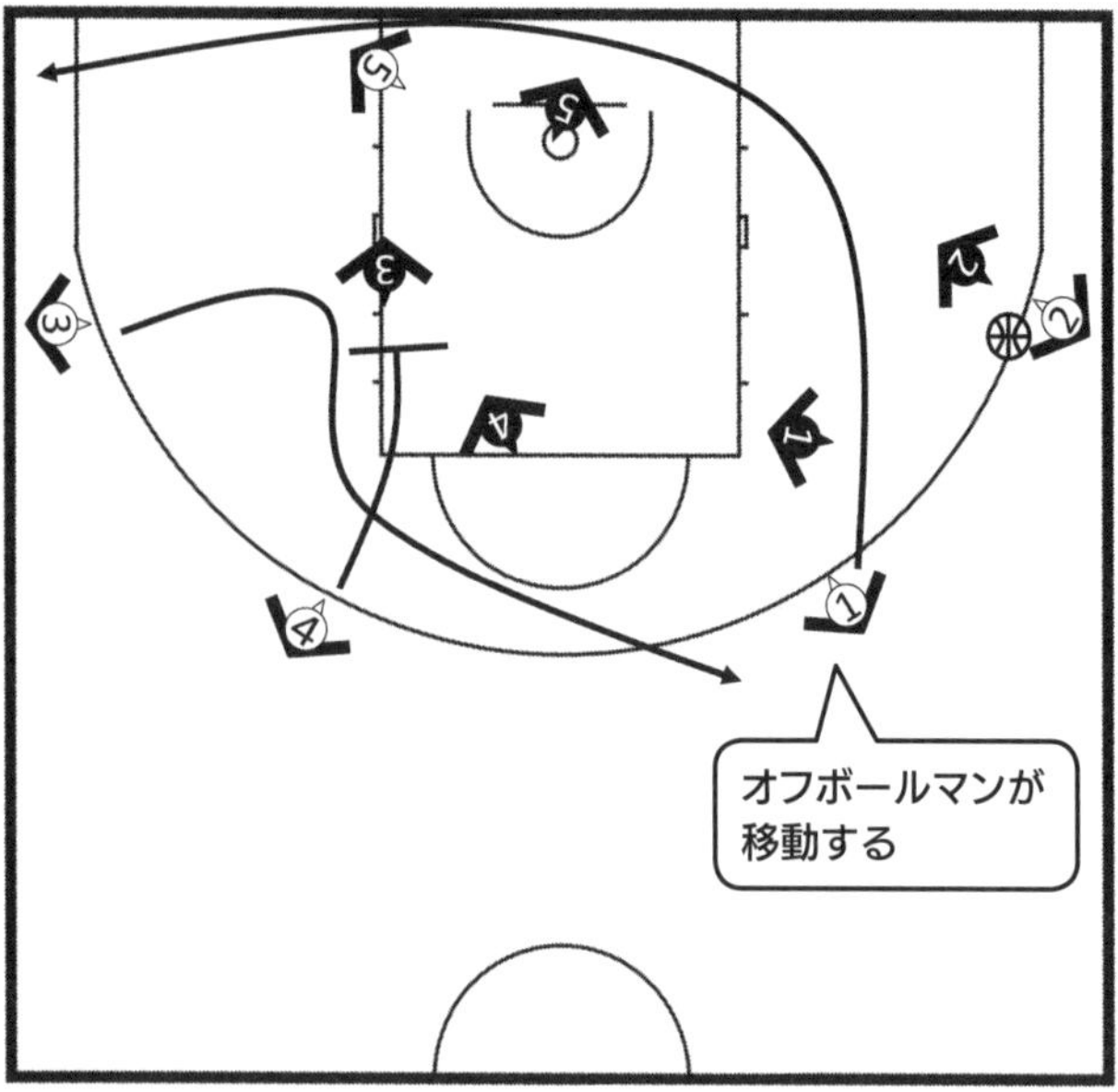
オフボールマンが
移動する

オフボールマンの移動によってディフェンスはオフボールマンに近づく傾向にあり、ボールマンが1on1するためのスペースが作り出される

人の動きを作ってディフェンスを引きつける

オフボールマンがボールマンとの距離をとることで、ボールマンからマッチアップするディフェンスを遠ざけることができます。しかし、ディフェンス側もボールマンにスペースを与えてしまうと簡単に得点されてしまうため、オフボールマンとマッチアップするディフェンスがオフボールマンから距離をとり、ボールマンが1on1をするスペースを潰そうとします。こうした状況においてオフボールマンが移動することにより、ボールマンが1on1をするスペースを作り出せる可能性が高まります。

オフボールマンが移動すると、その移動に合わせてマッチアップするディフェンスプレーヤーは位置の変更を強いられます。この時、ディフェンスがマッチアップするオフボールマンに近づく傾向にあります。つまり、ボールマンが1on1するためのスペースが作り出されます。また、ディフェンスの注意をオフボールマンに向けることができ、ボールマンへのヘルプを困難にします。

コラム
COLUMN

そもそもバスケ脳（バスケIQ）とは

流通経済大学スポーツコミュニケーション学科 RKU BASKETBALL LAB“バスラボ”
小泉瑛嗣

「バスケットボールの本質をどれだけ理解しているか」。これがバスケ脳、いわゆるバスケIQだと考えます。一般的には、コート上での判断力に長けているプレーヤーをバスケIQが高いと表現します。確かにプレーヤーには、戦術を理解し、早い展開において頭の中で判断し、出力することが求められます。プレーヤー本人は無意識的かもしれませんが、バスケIQが高くなければ、質の高い判断は期待できません。

そしてバスケットボールでは多くの数字を扱います。一方、数字では現わすことが難しい「流れ」というものも存在します。2021年に開催された国際強化試合日本vsフランス戦では、プレータイムが与えられなかったベンドラメ選手がハーフタイムで誰よりも声を出して、チームメイトを鼓舞するシーンが見られました。ゲームに出られない悔しい気持ちもあるでしょう。それでも彼は、流れというものを十分に理解しているため、自身のとるべき行動を判断し、実行しました。こうしたベンチでの状況判断が高いプレーヤーもバスケIQの高いプレーヤーといえるでしょう。

バスケIQとは戦術などコート上での事柄のみならず、バスケットボールの本質を理解していることであると考えます。

第3章

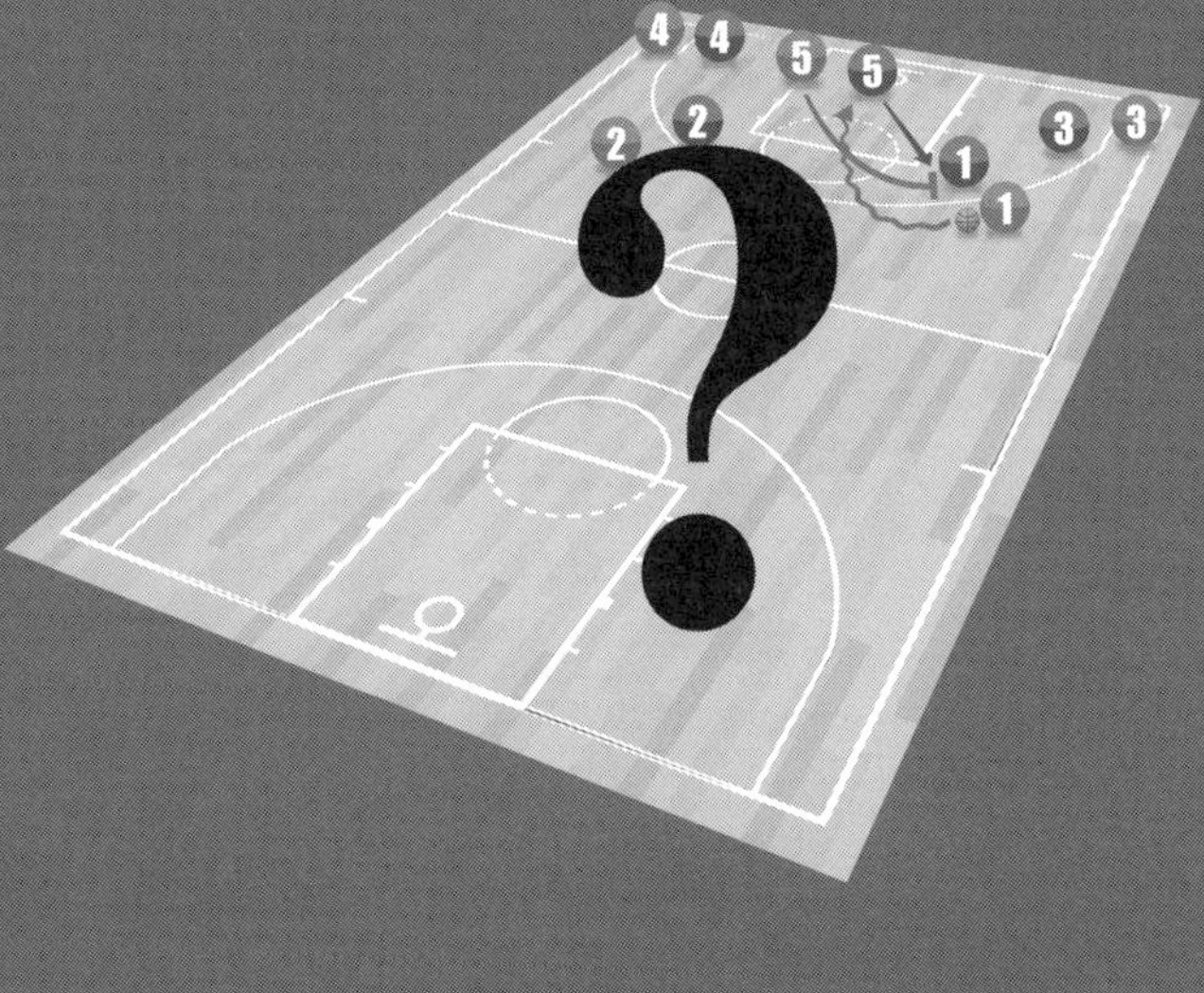

ピック＆ロールでどう動く？

QUESTION

問題
23

オフェンス問題

「どのマッチアップでも1on1からの得点機会の創出が困難な場合、どのようなオフェンスを選択すべきでしょうか」

自チーム は○

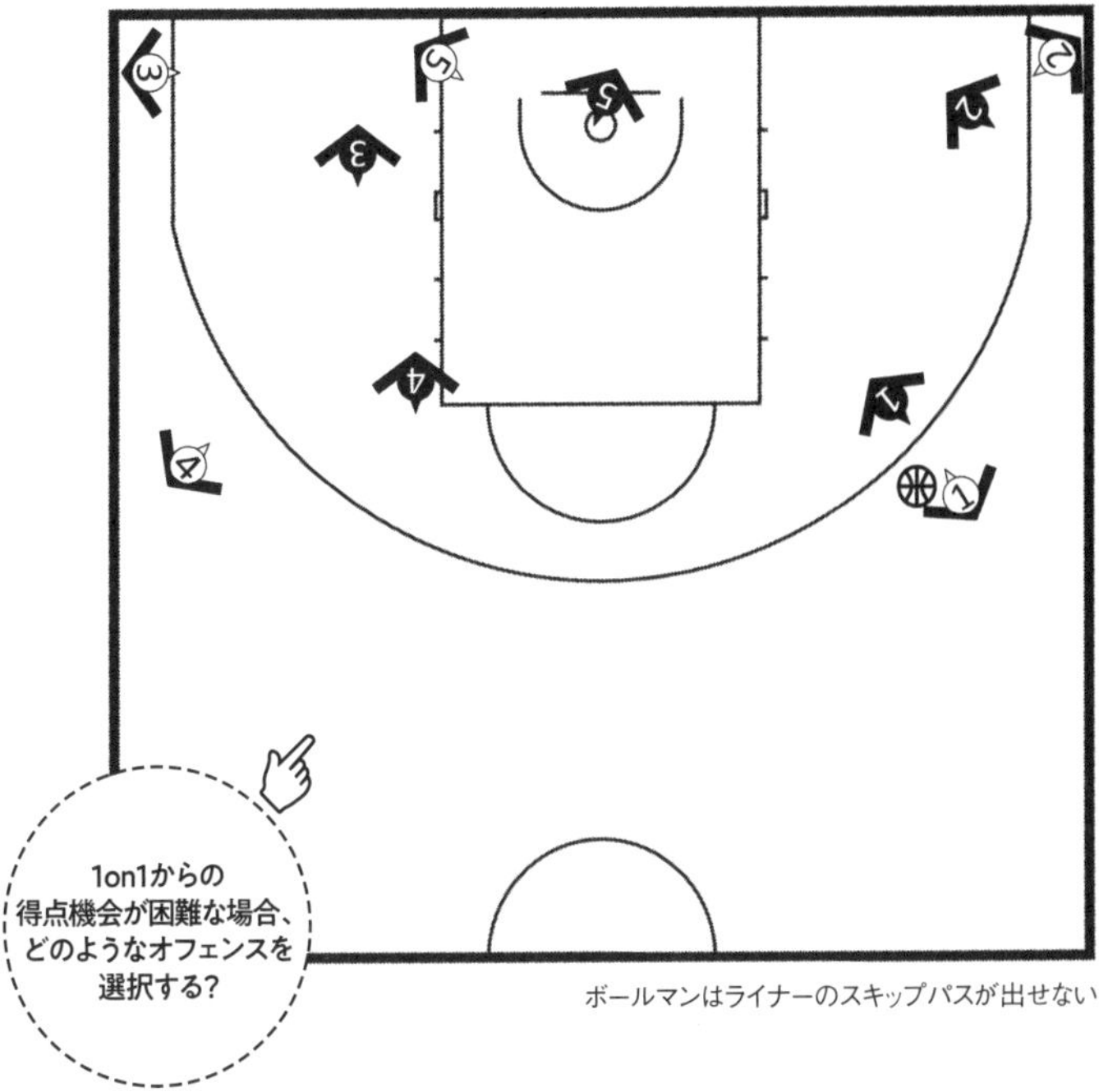
1on1からの
得点機会が困難な場合、
どのようなオフェンスを
選択する?

ボールマンはライナーのスキップパスが出せない

A N S W E R

正答例

ピック&ロールを選択する

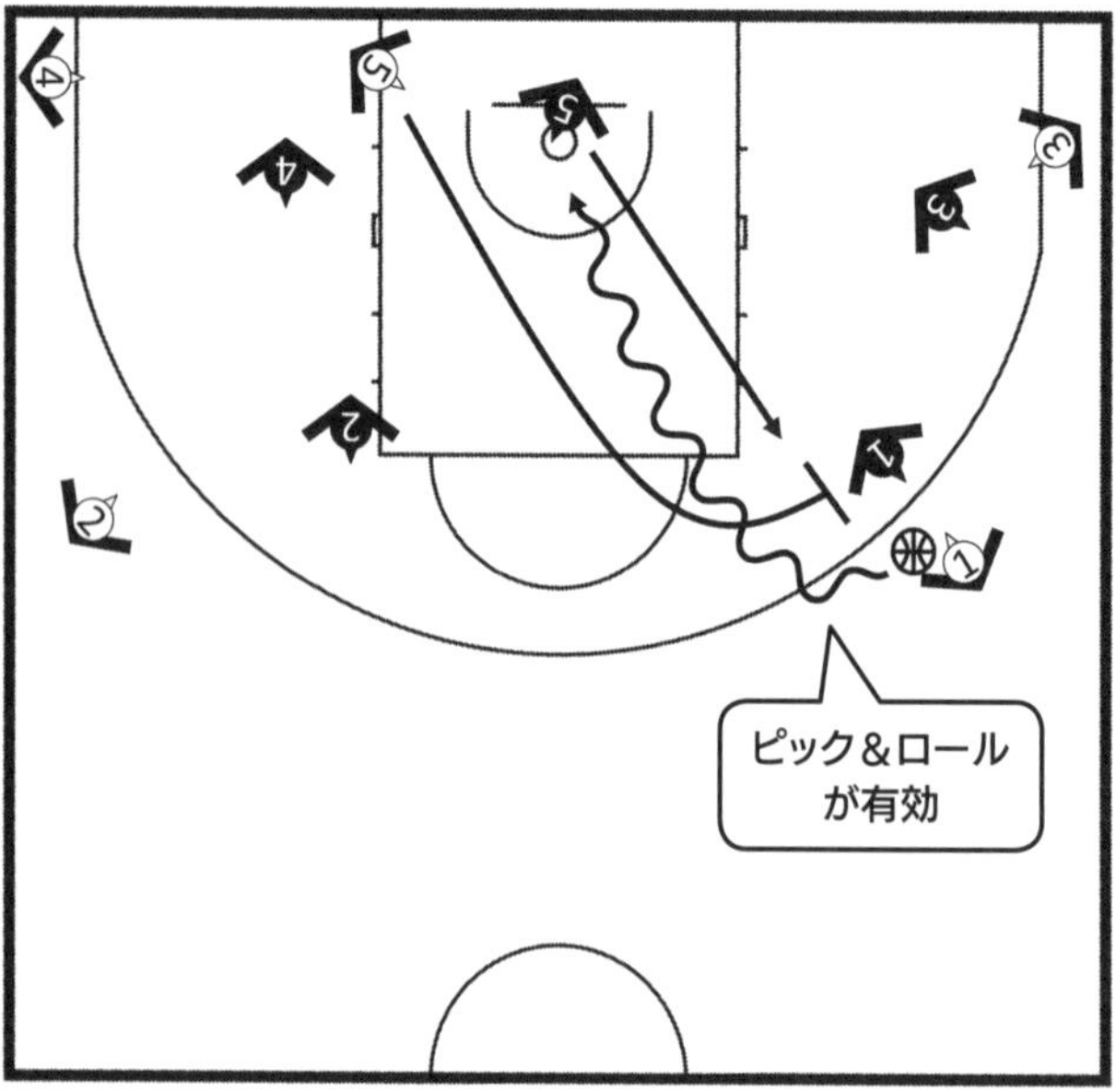

どのマッチアップでも1on1から得点機会が作れない場合は、ピック&ロールが有効になる

ピックスクリーンでボールマンのディフェンスをドライブラインから外す

スペースのある1on1ではオフェンスが有利になりますが、ボールマンのオフェンス力よりもマッチアップするディフェンスプレーヤーのディフェンス力が大きく上回れば、たとえスペースがあったとしてもオフェンス側が有利になることはありません。

どのマッチアップでも1on1からの得点機会の創出が困難な場合には、ピック&ロールが有効になります。ボールマン①とマッチアップするディフェンス❶に対してオフボールマン⑤がスクリーンをセットし、①がスクリーン方向へとドリブルで移動することで、スクリーンが❶の進行の妨げになり、❶はドライブライン上の位置を保つことができなくなります。つまり、①は❶をドライブライン上から外すことができます。

ドライブラインがクリアになった①はゴール付近に侵入し、確率の高いショットを放つことができます。ただし、1on1ができるのにピックスクリーンに向かうと、オフボールマンのディフェンスをボールマンに近づけることにもなるため、注意が必要です。

QUESTION

問題
24

ディフェンス問題

「スクリーナー⑤の狙いどおりに
ピックスクリーンをセットさせないために
マッチアップするディフェンス❺は
どうすべきでしょうか」

⑤のピックスクリーンを
狙いどおりに
させないために
❺はどうする？

A N S W E R

正答例

スクリーナーにコンタクトする

ピックスクリーンに向かう⑤のコースを阻み、ピックスクリーンをセットしたい位置に向かえないようにする

ピックスクリーンに向かうコースを阻む

ピック&ロールは、ボールマン①とマッチアップするディフェンス❶をドライブラインから外すのに有効なオフェンス戦術です。しかし、スクリーナー⑤にピックスクリーンをセットさせない、もしくはセットしたい位置にスクリーンをセットさせなければ、効果的なピック&ロールは成立しません。そこで、スクリーナー⑤とマッチアップするディフェンス❺が、ピックスクリーンに向かうスクリーナー⑤のコースを阻み、スクリーナー⑤がピックスクリーンをセットしたい位置に向かえないようにします。

実際には、ピックスクリーンに向かうスクリーナー⑤に対してマッチアップするディフェンス❺がコンタクトし、スクリーナー⑤を進行するコースから押し出します。スクリーナー⑤とマッチアップするディフェンス❺がスクリーナー⑤にコンタクトすることで、「ピック&ロールを成立させない」、最低でも「セットしたがっている位置にスクリーンをセットさせない」ようにします。

QUESTION

問題
25

オフェンス問題

ピックスクリーンに向かうスクリーナー⑤にディフェンス❺がコンタクトして阻む場合、オフェンス側はどうすればピック&ロールを成立させられるでしょうか

自チーム は○

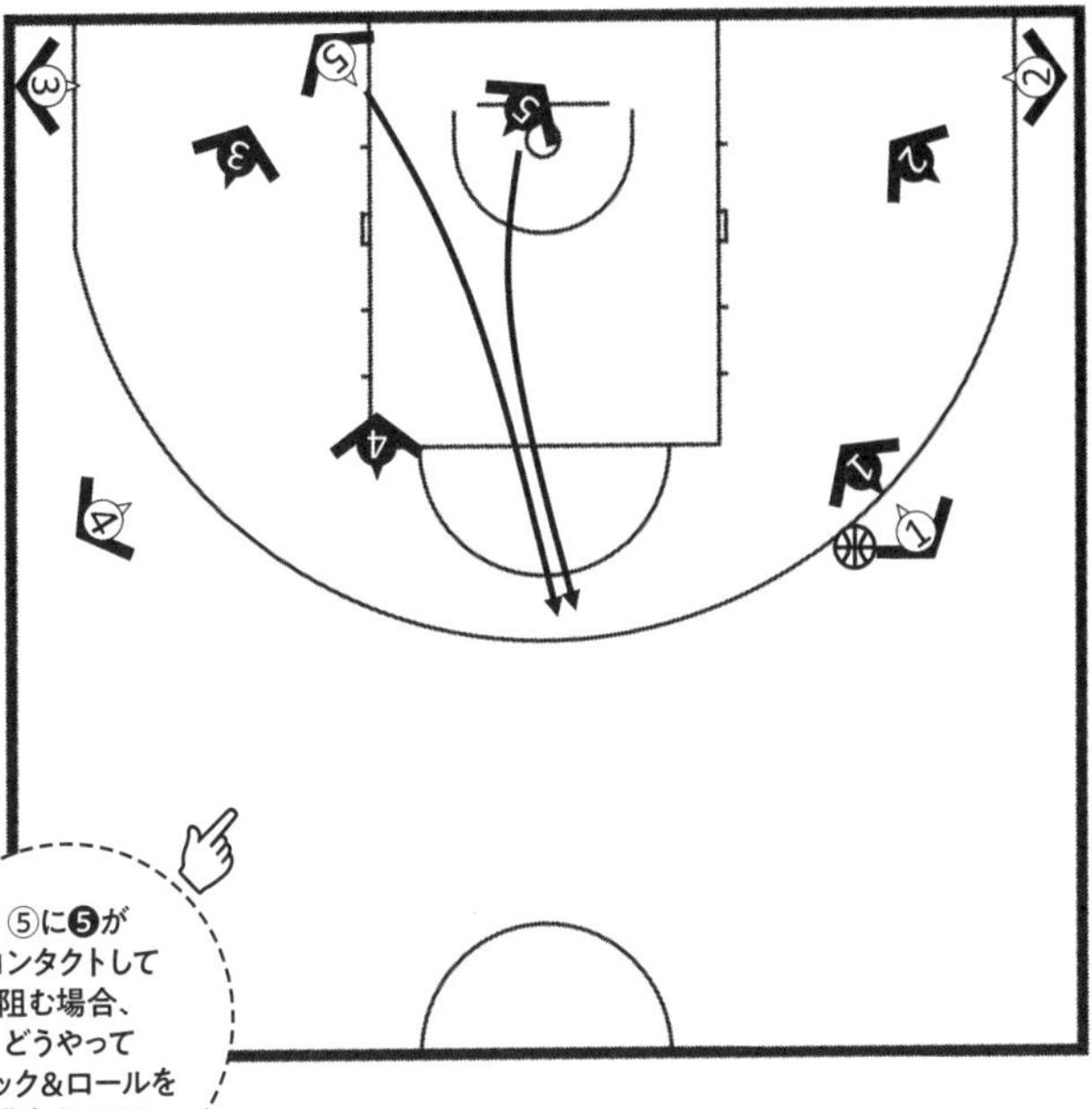

⑤に❺が
コンタクトして
阻む場合、
どうやって
ピック&ロールを
成立させる?

A N S W E R

正答例

ラムスクリーンを加える

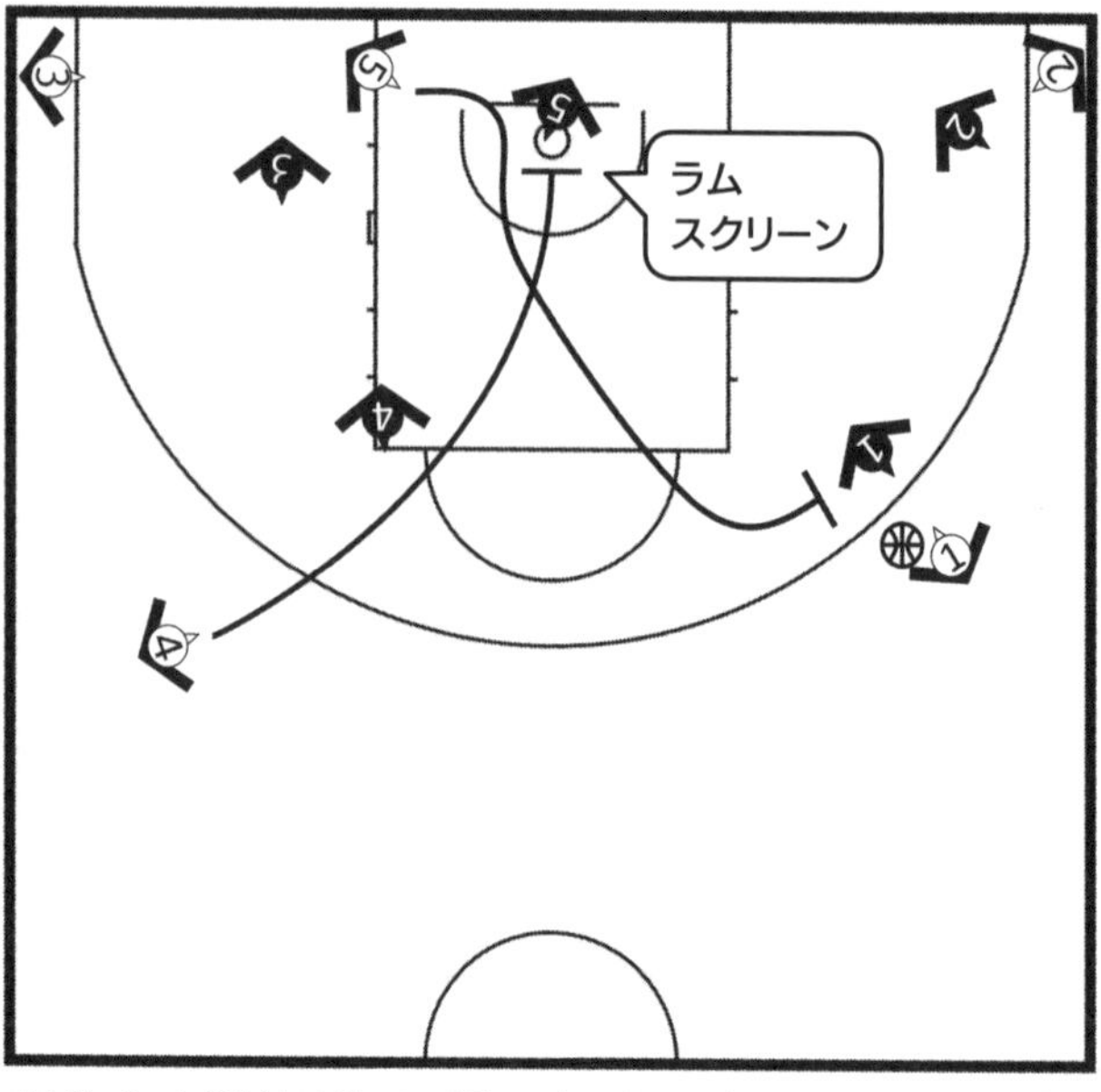

オフボールマン④がオフボールスクリーンをセットし、ピックスクリーンに向かう⑤にコンタクトしようとする❺の進行を阻止する

スクリーナーとマッチアップするディフェンスの進行を阻む

スクリーナー⑤とマッチアップするディフェンス❺が、ピックスクリーンに向かうスクリーナー⑤にコンタクトし、ピックスクリーンをセットしたい位置に向かわせないようにしてくるケースです。

❺によるコンタクトを避けるために、スクリーナー⑤は❺にピックスクリーンへ向かう動き出しを悟られないように、素早く動き出したり、向かう方向と逆方向に移動するフェイントを入れたりします。しかし競技レベルが高くなると、ディフェンス側にピック&ロールがすぐに読まれてしまいます。そこで、ピック&ロールの前にラムスクリーンのアクションを加えます。

❺にオフボールマン④がスクリーンをセットし、ピックスクリーンに向かう⑤にコンタクトしようとする❺の進行を阻止します。ピック&ロールの前にラムスクリーンを加えることで、スクリーナー⑤は❺にコンタクトされることなく、ピックスクリーンをセットすることができます。

※ラムスクリーン：次に続くスクリーンプレーにおいて、スクリーナーになるプレーヤーとマッチアップするディフェンスプレーヤーにセットするスクリーンのこと

QUESTION

問題
26

オフェンス問題

「ピックスクリーンがセットされた状況で
ユーザー①はまず何を選択すべきでしょうか」

自チームは〇
ピックスクリーンが
セットされた状況で
ユーザー①は
まず何を選択する?

※❶はドライブライン上に位置している

ANSWER

正答例

「リジェクトする」

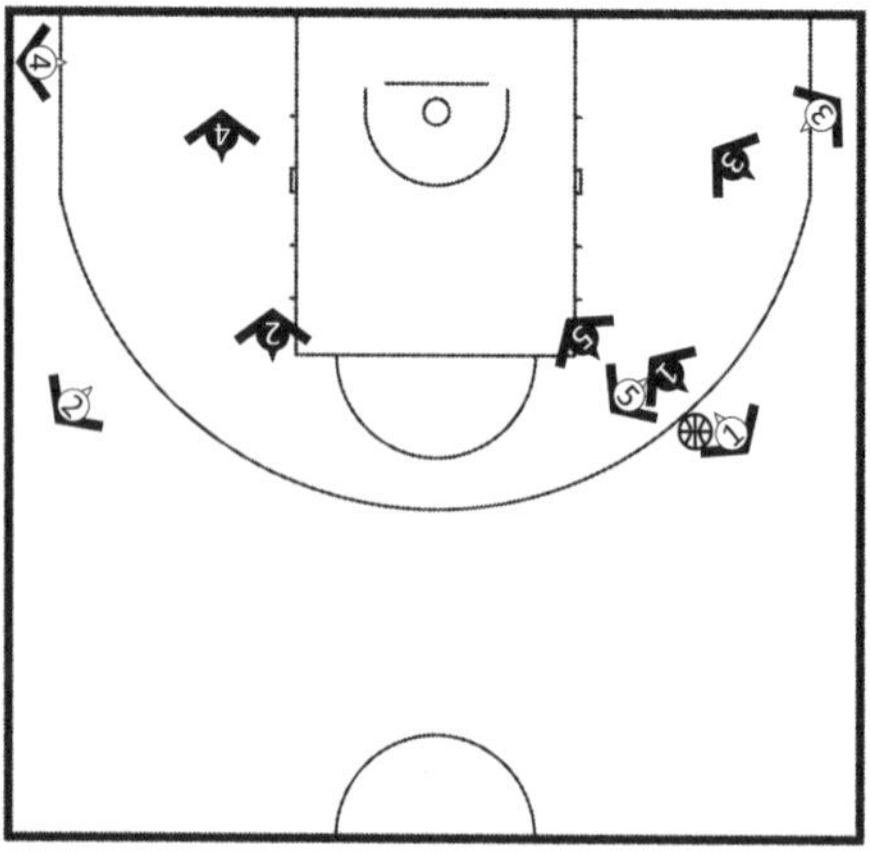

リジェクトすることで、イージーショットにつながる可能性が高くなる

スクリーンの反対側をドライブする

ピックスクリーンがセットされると、ユーザー①とマッチアップするディフェンス❶の注意がスクリーン側へと向けられる傾向にあります。つまり、スクリーンと反対側へ動く意識が低くなっている状態です。したがって、ユーザー①がスクリーンの反対側をドライブするリジェクトが有効になり、リジェクトが成功すれば、イージーショットにつながる可能性が高くなります。

一方、リジェクトに対して❶が追

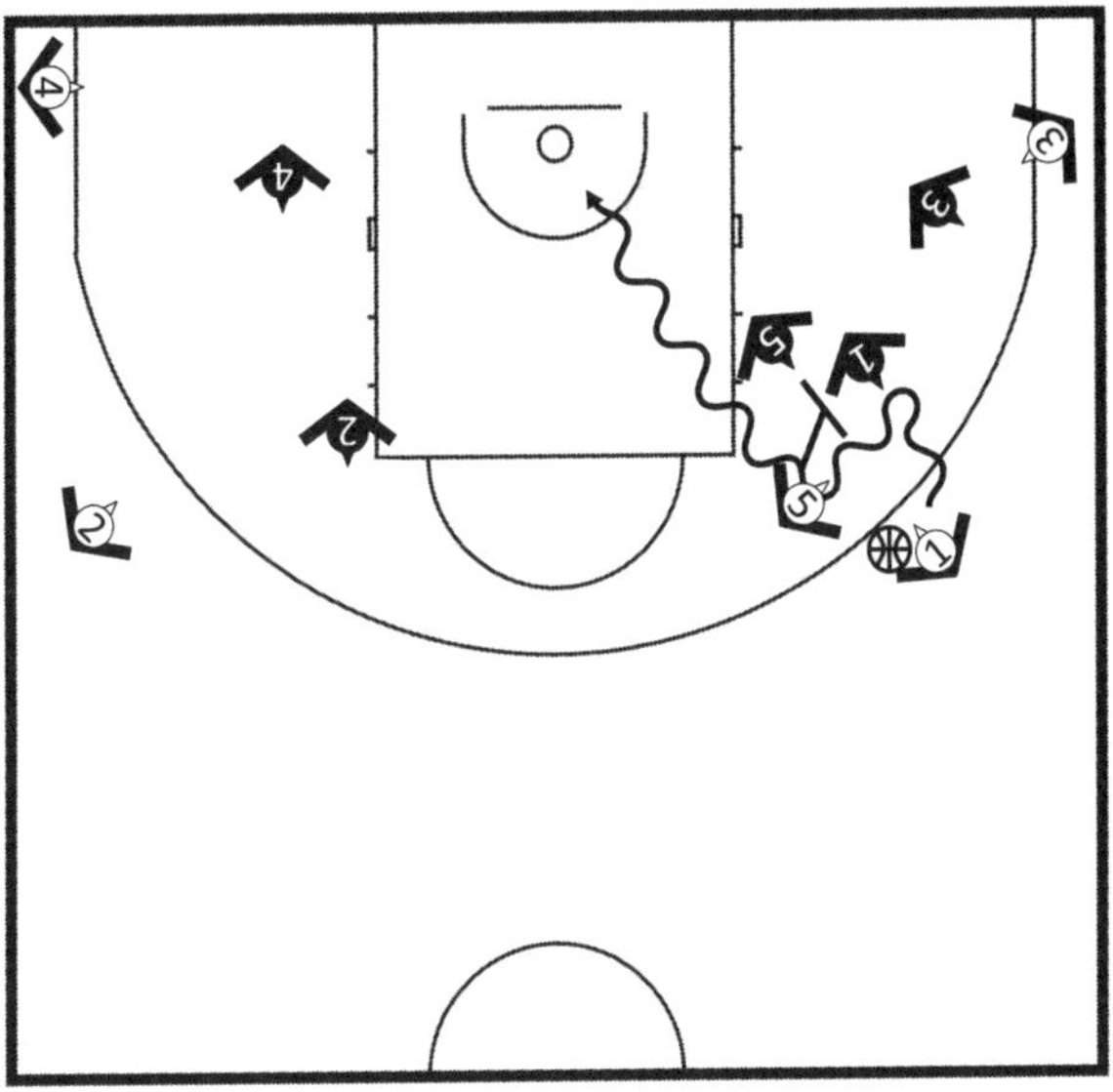

リジェクトに❶が追いついてもセットアップされるため、❶に対して⑤がピックスクリーンをセットすることでピック&ロールの成功率が高まる

いついたとしても、ユーザー①とディフェンス❶の距離はピック&ロールを利用する適切な間合いにセットアップされるため、❶に対して⑤がピックスクリーンをセットすることでピック&ロールの成功率が高まります。さらに、❶はスクリーンとは反対側に振られている状態になるので、スクリーンを壊すことが難しい状況ともいえます。ユーザー①がリジェクトを見せることでディフェンスに様々な対応への準備を強いることができ、ディフェンス側によるピック&ロールへの各対応の精度を下げることを図ります。

QUESTION

問題
27

ディフェンス問題

「ディフェンス❶がユーザー①のリジェクトを防いでオーバーしたい場合、❶と❺は何を選択すべきでしょうか」

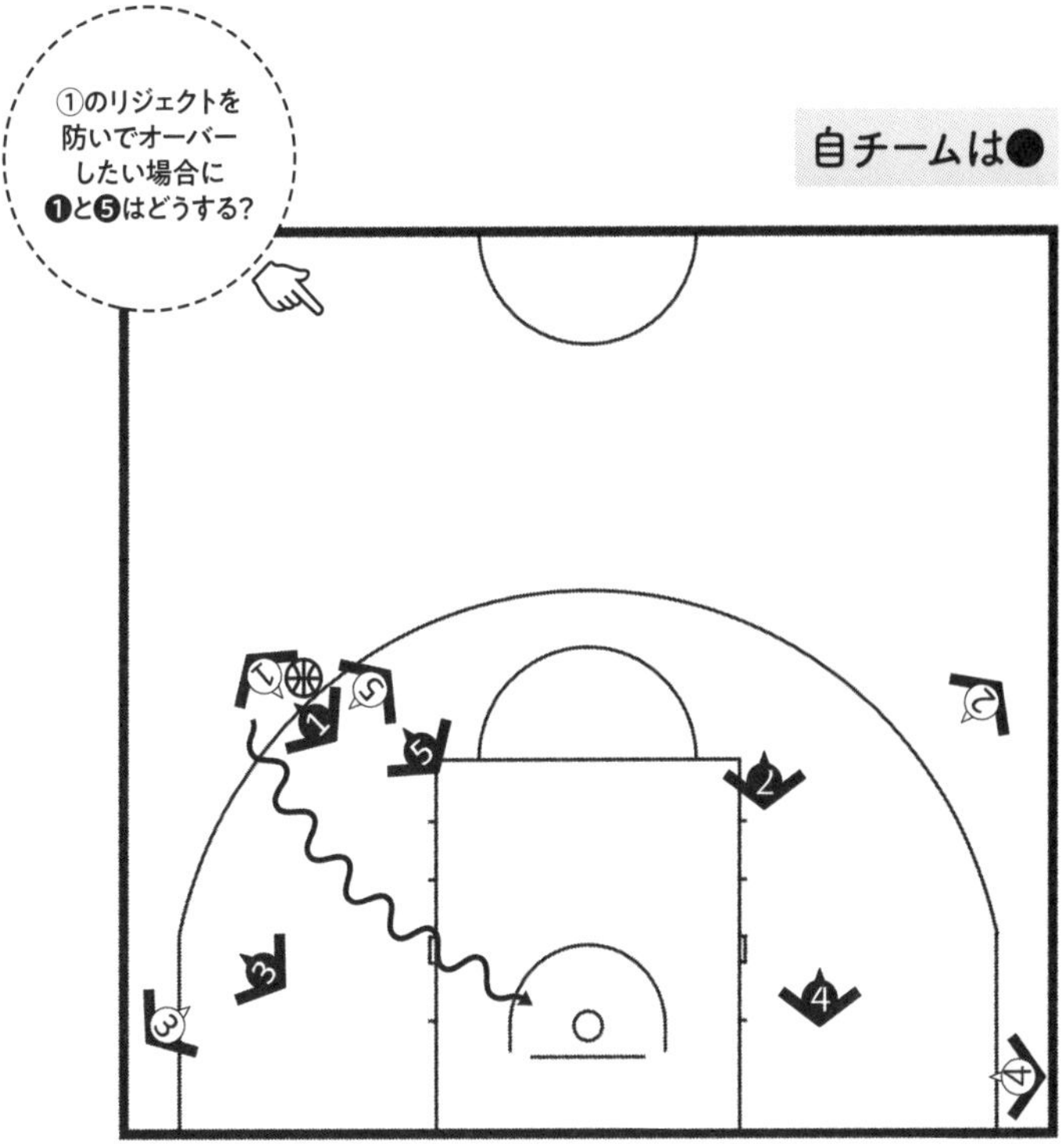
①のリジェクトを防いでオーバーしたい場合に❶と❺はどうする?
自チーム は●

マッチアップは変えない

A N S W E R

正答例

「スクリーン側へシフトしてオーバー&ヘッジ」

スクリーン側へ
シフトする

❶が①をスクリーン側へとシフトし、①にスクリーンを利用するように仕向ける

ユーザーの選択肢を1択にする

ユーザー①によるリジェクトを防ぎたい場合には、マッチアップするディフェンス❶が①をスクリーン側へとシフトすることで、①からリジェクトする選択肢を奪います。つまり、❶がスクリーンと反対側に位置し、①にスクリーンを利用するように仕向けます。

しかし、❶がスクリーンと反対側にいる状態で①がスクリーンを利用すると、❶は①の後ろを追うチェイスの状態になり、そのまま

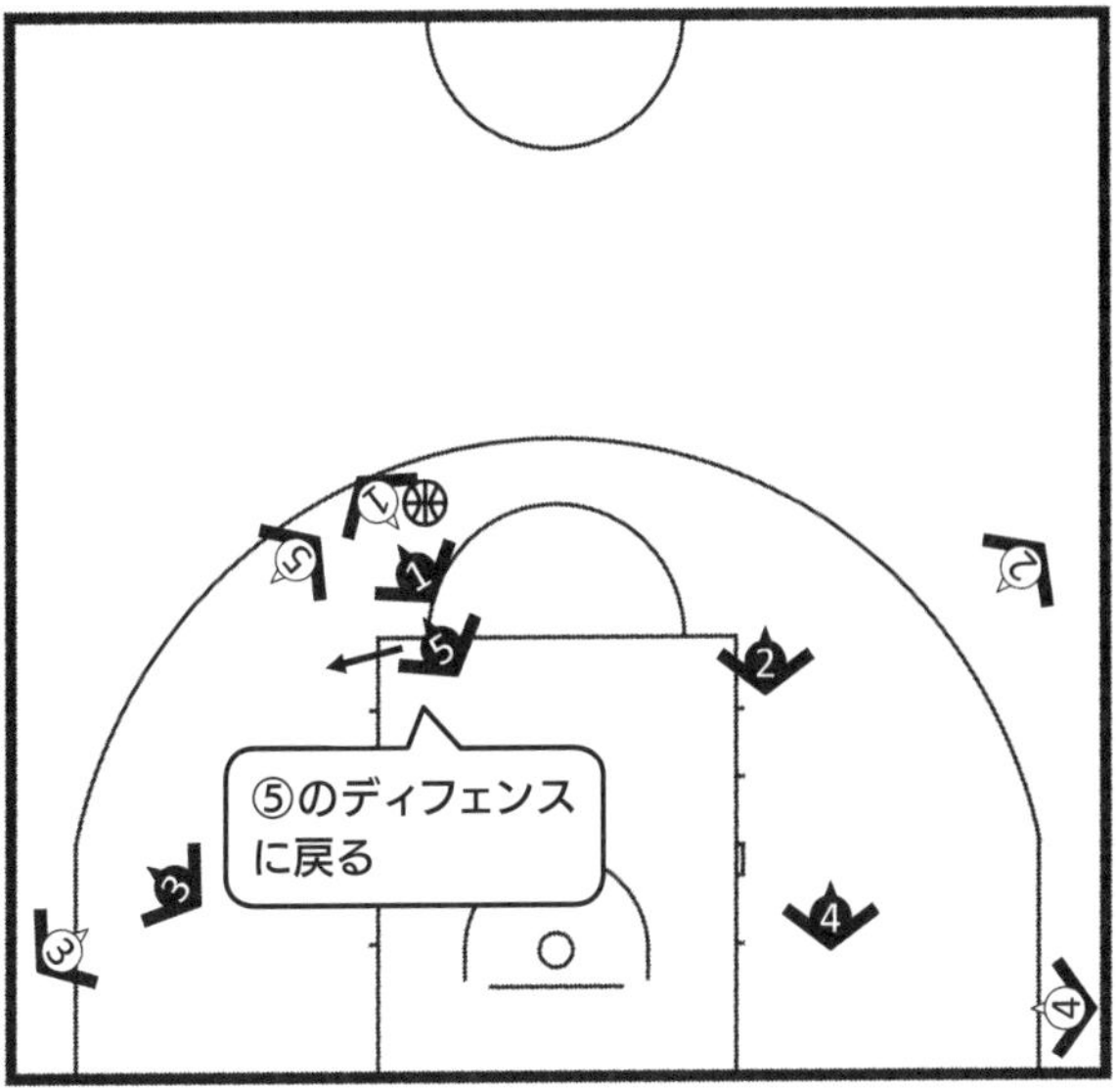
⑤のディフェンスに戻る

❺は❶が①をディフェンス状態になれば⑤のディフェンスに戻る

では①にゴール付近へと侵入されてしまいます。そこで、❺が①のドライブラインに飛び出し、❶が①をディフェンスできる状態になるまでの時間を稼ぎます。❺は❶がディフェンスできる状態になれば、⑤のディフェンスに戻ります。

このオーバー&ヘッジ（※）によってリジェクトを防ぎ、さらに①によるゴール付近への侵入も妨げます。❶がシフトして①の選択肢を1つに限定させる方法は、後に紹介する他のディフェンスがピック&ロールに対応する準備にも貢献します。

※オーバー&ヘッジ：ユーザーディフェンスがスクリーンのアウトサイド側を通過するオーバーと、スクリーナーディフェンスによるヘジテーションの組み合わせのこと

QUESTION

問題
28

オフェンス問題

ヘッジを狙った❺が①によるスクリーンの利用前にスクリーナー⑤のゴールラインから外れた場合、オフェンスは何を選択すべきでしょうか

自チームは〇

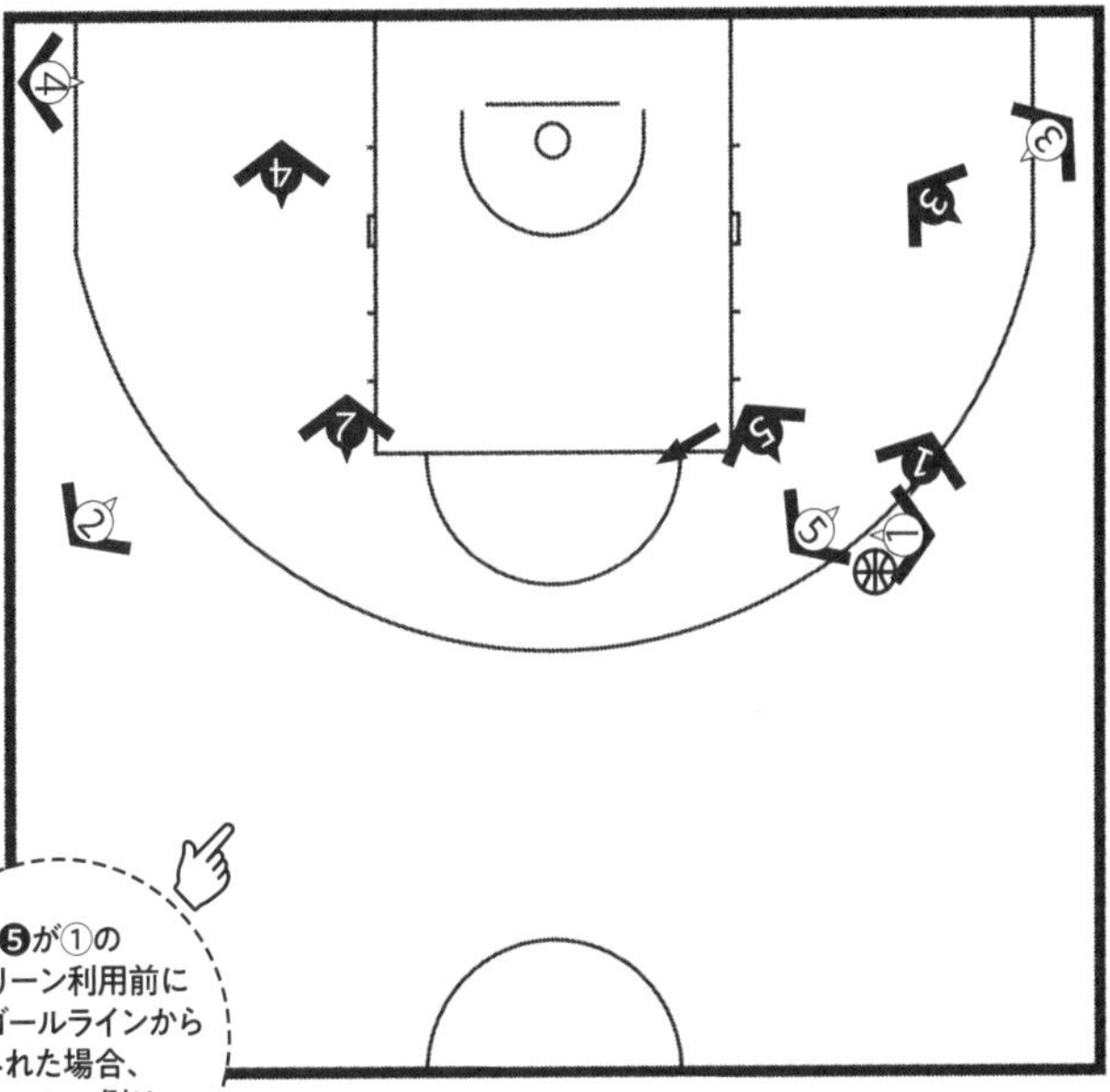

❺が①の
スクリーン利用前に
⑤のゴールラインから
外れた場合、
オフェンス側は
どうする？

ANSWER

正答例

スリップでゴール下に侵入する

⑤はダイブするスリップでゴール付近に侵入し、①からのパスを受けてショットを放つ

空いたゴールラインをダイブ

ディフェンスがピック&ロールにオーバー&ヘッジなどで対応する場合、スクリーナー⑤とマッチアップするディフェンス❺が、ヘッジの準備でユーザー①のスクリーン利用前にスクリーナー⑤のゴールラインから外れることがあります。ユーザー①がスピードのあるプレーヤーの場合に、そのような状況が生じやすくなります。

スクリーナー⑤とマッチアップするディフェンス❺が⑤のゴールラインから外れている局面では、⑤は簡単にゴール付近へ侵入することができます。そこで、スクリーナー⑤はダイブするスリップでゴール付近に侵入し、ユーザー①からのパスを受けて高確率のショットを放ちます。

⑤はスリップするために、❺がゴールラインから外れたことを見ておく必要があります。したがって、スクリーナー⑤には、スクリーンをセットするために素早く移動すると同時に、❺の位置を把握する能力が求められます。

QUESTION

問題

29

オフェンス問題

ピック&ロールに対して
スクリーナーディフェンス❺が
ヘッジで対応することが事前に把握できている場合、
スクリーナー⑤はスリップ以外に
何が選択できるでしょうか

自チーム は○

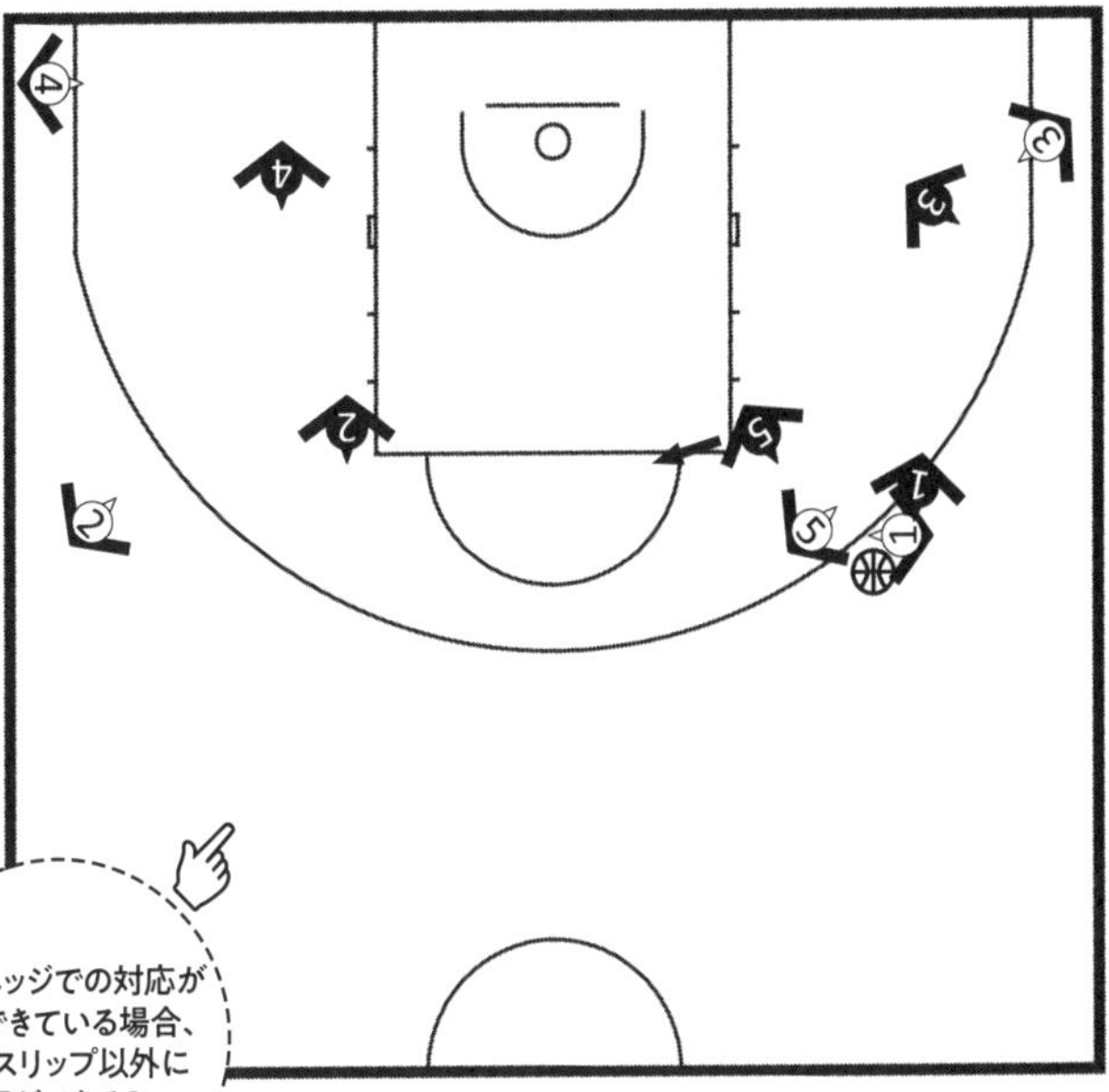

スクリーナー⑤は高確率で3ポイントショットを決めることができる

❺のヘッジでの対応が把握できている場合、⑤はスリップ以外に何ができる？

ANSWER

正答例

「ゴーストする」

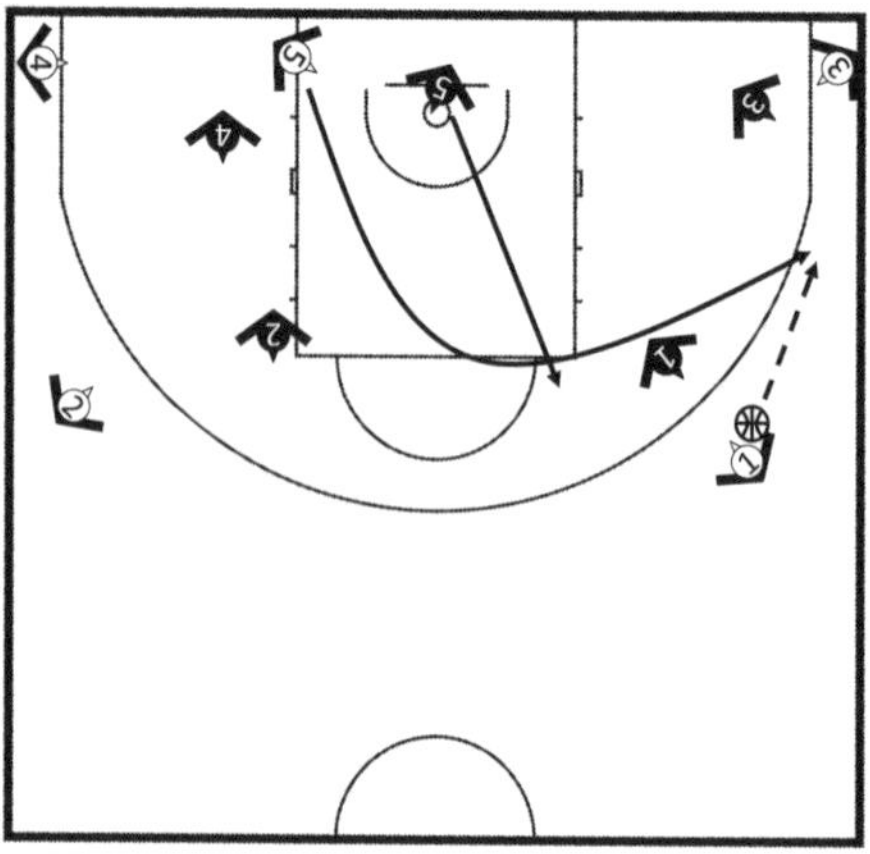

⑤がゴーストからユーザーディフェンスの背後をすり抜けて3ポイントエリアにポップし、パスを受けてオープンショットを放つ

スクリーンをセットするふりをしてすり抜ける

スカウティングで「相手チームがピック&ロールに対してヘッジで対応してくる」ことなどが把握できている場合や「ゲーム中にヘッジで対応してくる」ことなどが把握できた場合は、スリップだけでなく、スクリーンをセットするふりをするゴーストスクリーンも有効になります。

特にスクリーナー⑤が高確率で3ポイントショットを決められるプレーヤーであれば、ゴーストからユーザーディフェンスの背後をすり抜けて

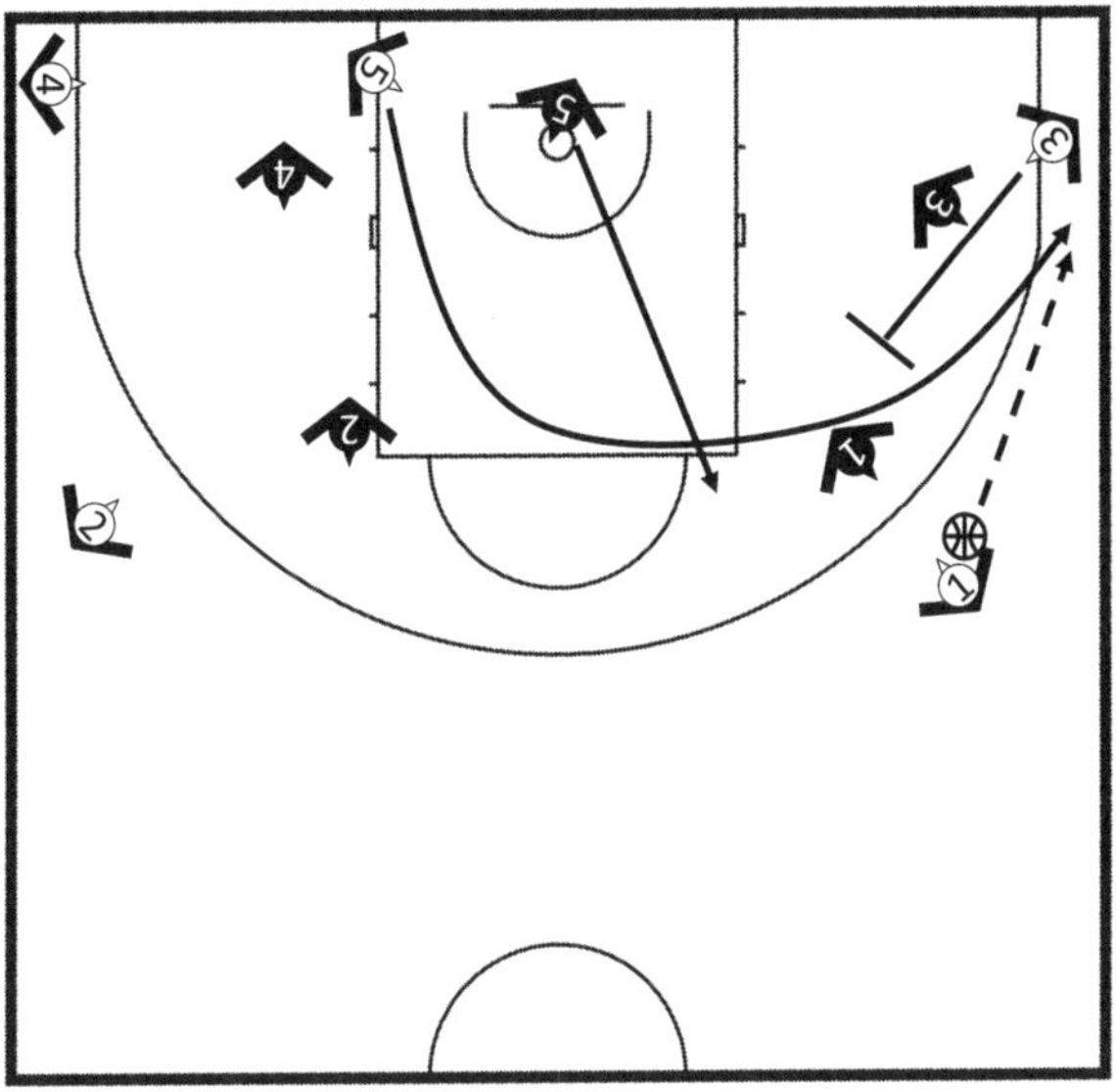

❺に対してさらにフレアスクリーンをセットすることで、⑤をオープンにする可能性が高まる

3ポイントエリアにポップして、パスを受けることでオープンショットを放つことができます。ヘッジを準備していたスクリーナーディフェンス❺は、ゴーストからポップしたスクリーナー⑤への対応が困難になります。また、スクリーナーディフェンス❺に対してさらにフレアスクリーンをセットすることにより、ゴーストからポップアウトするスクリーナー⑤をオープンにする可能性をより高めることが期待できます。

いずれにしても、ピック&ロールへのディフェンス側の対応を把握することが重要になります

QUESTION

問題
30

オフェンス問題

「ピックスクリーン時に
スクリーナーのディフェンスがヘッジした場合、
3ポイントのないスクリーナーは
何を選択すべきでしょうか」

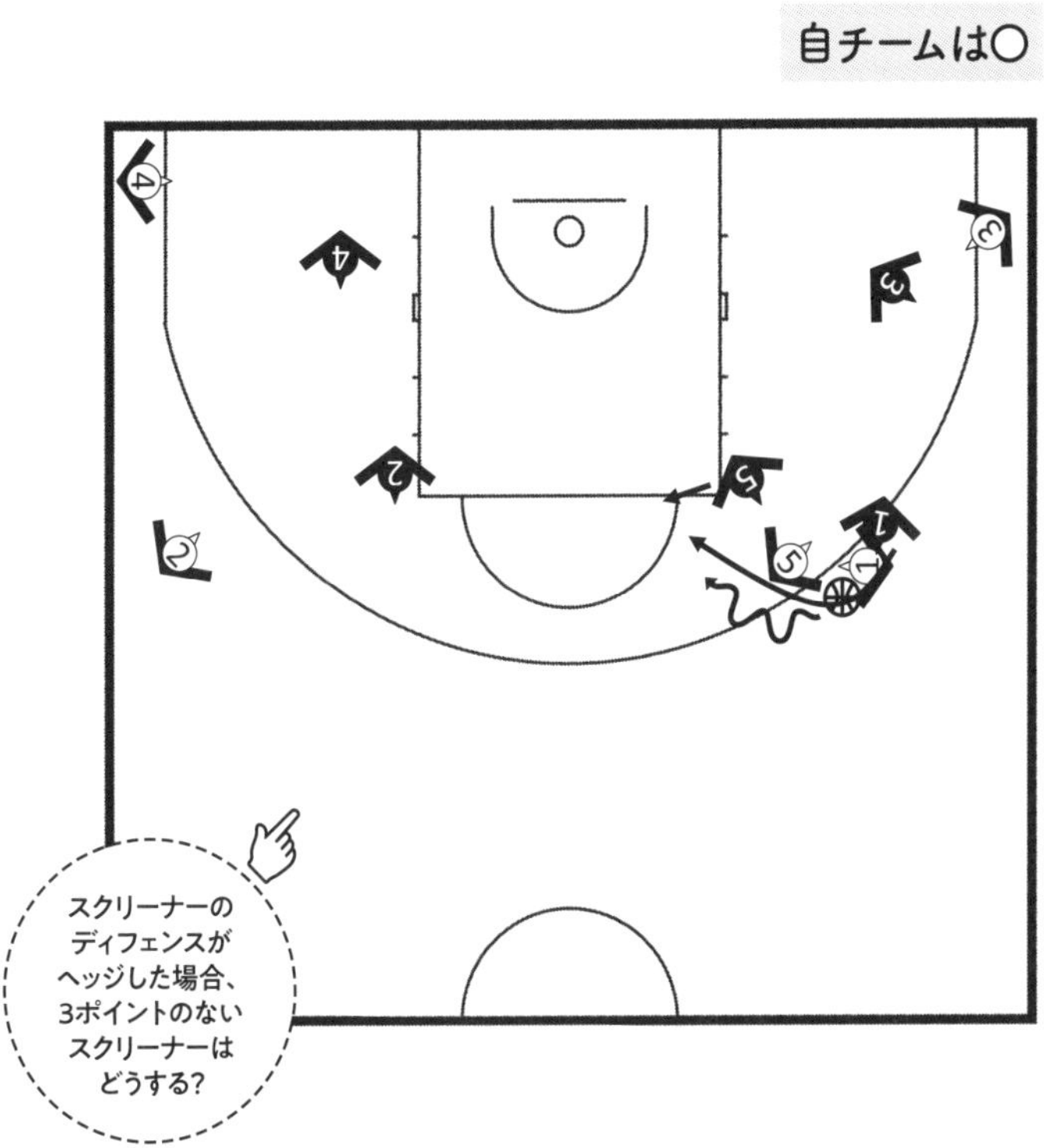
自チームは○
4
4
3
3
2
5
1
2
5
1
スクリーナーのディフェンスがヘッジした場合、3ポイントのないスクリーナーはどうする?

ANSWER

正答例

ダイブでゴール下に侵入する

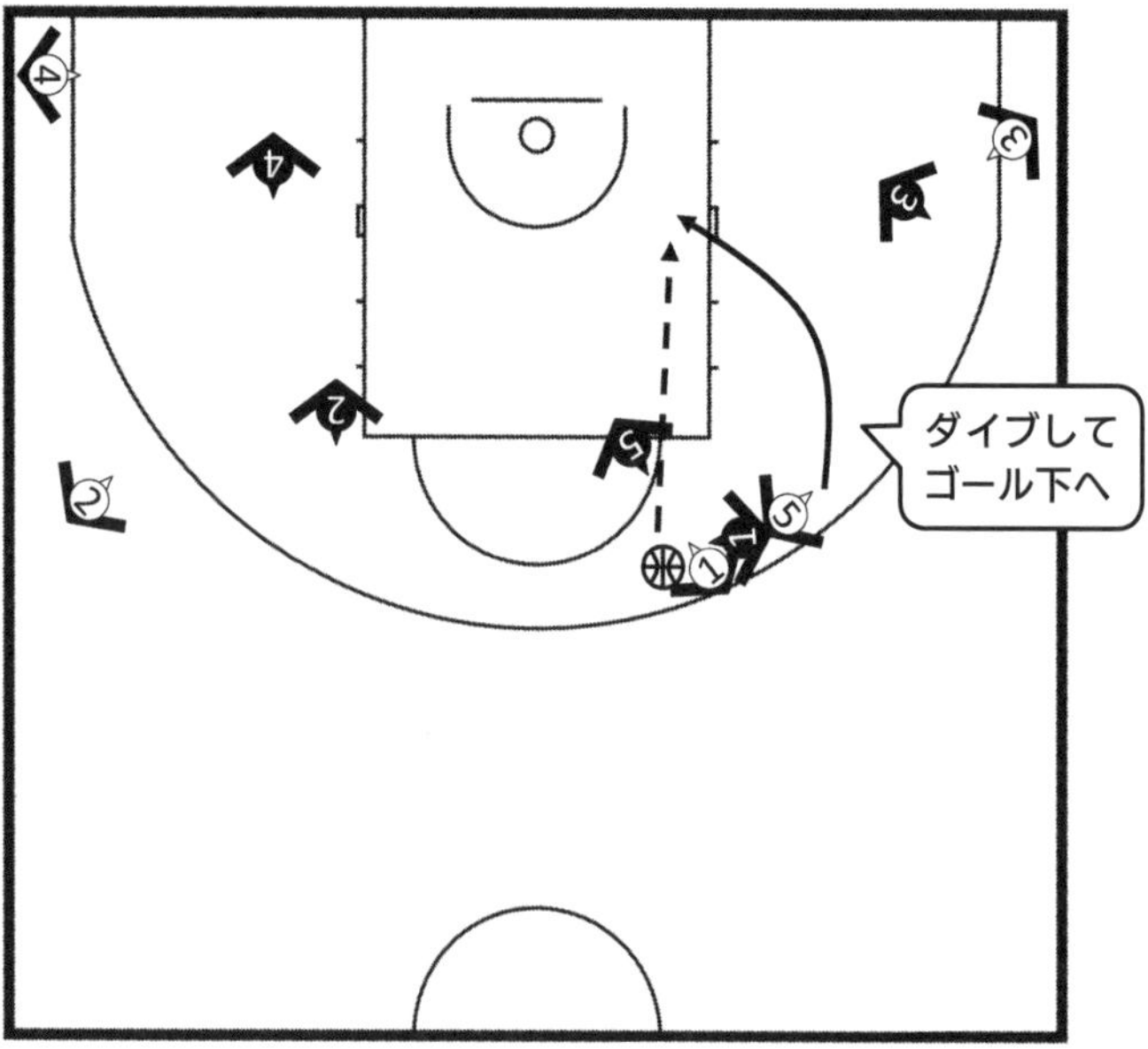

⑤はダイブしてゴール付近に侵入し、①からのパスを受けて高確率のショットを放つ

空いたゴールラインをアタックしてゴール付近に侵入する

ユーザー①によるピックスクリーンの利用に対して、スクリーナー⑤のディフェンス❺がヘッジして①のドライブラインに飛び出した時は、スクリーナー⑤とゴールを結ぶゴールライン上にディフェンスがいない状態になります。つまり、スクリーナー⑤は簡単にゴール付近に侵入することができる状態です。

したがって、①がピックスクリーンを利用する時に❺が①のドライブラインに飛び出した時には、スクリーナー⑤がダイブしてゴール付近に侵入し、ユーザー①からのパスを受けることにより高確率のショットを放つことができます。

ただし、⑤のダイブのタイミングが遅いと❺にディフェンスの位置を回復されてしまい、ダイブを阻まれてしまいます。そうならないためには、⑤には❺がヘッジするタイミングで素早くダイブすることが求められます。

QUESTION

問題
31

ディフェンス問題

「ピック&ロールのユーザーの
アウトサイドショットの成功率が極めて低い場合、
❶と❺はどのようにディフェンスすべきでしょうか」

アウトサイド
ショットの成功率が
低いユーザーに対して、
❶と❺はどう
ディフェンスする？

自チームは●

A N S W E R

正答例

「アンダーでマッチアップを継続」

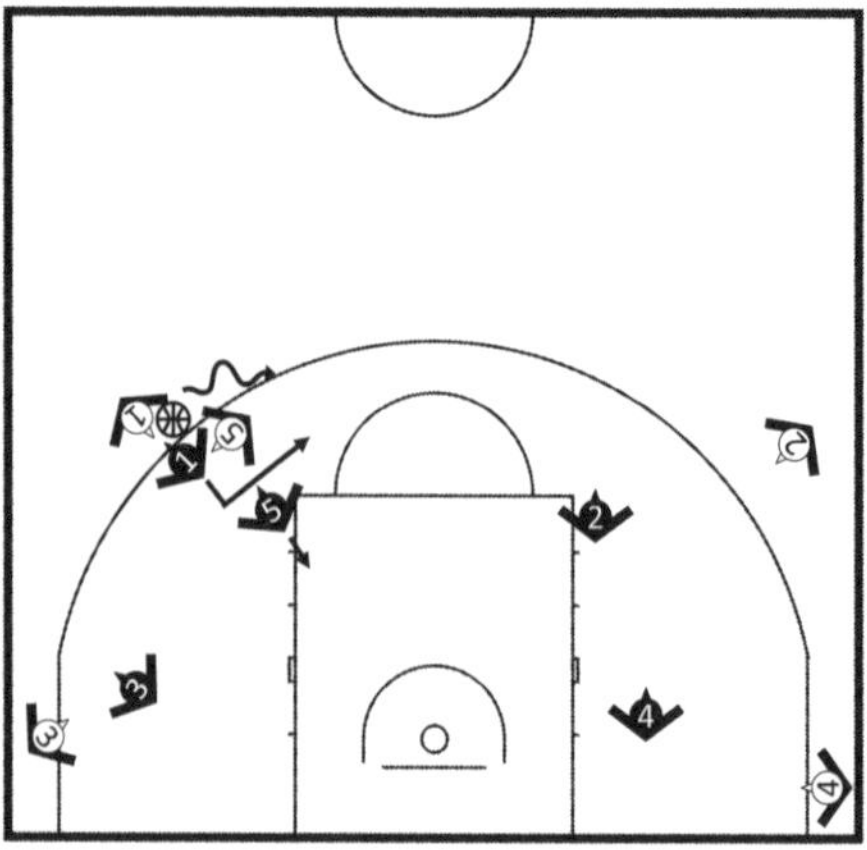

❶は⑤のインサイド側を通過する

スクリーナーのインサイド側を通過してマッチアップを継続する

ユーザー①のアウトサイドショットの成功率が極めて低い場合、①のディフェンスである❶は、無理にスクリーナー⑤のアウトサイド側を通過（オーバー）する必要はありません。❶は、⑤のインサイド側を通過（アンダー）できます。

スクリーナー⑤のディフェンス❺はゴール方向へ移動し、自身とスクリーナー⑤との間にスペースを作ります。❶はゴール方向へと下がって

⑤がダイブをしてくる場合には、❺が⑤にゴール側からコンタクトしてダイブを阻止する

このスペースを通過するスライドスルーで、①とのマッチアップを継続します。❶はゴール方向へと下がるため、ディフェンスの有利性が高まっており、リジェクトにも十分に対応することができます。

チームによっては、スライドスルーで❶が通過するタイミングで⑤がダイブをして❶の通過を邪魔するクリアアウトをしてくることもあります。その場合には❺が⑤にゴール側からコンタクトすることで⑤のダイブを阻止し、①が⑤のインサイド側を通過するスクイズアンダー（※）が有効になります。

※スクリーナーのディフェンスが、スクリーナーをリングから遠ざけるように押すディフェンス方法

QUESTION

問題 32

オフェンス問題

「ユーザーのディフェンスが ピック&ロールにアンダーで対応した場合、オフェンスはどのように攻めるとよいでしょうか」

自チームは○
ユーザーのディフェンスがピック&ロールにアンダーで対応した場合にどう攻める?

ユーザーはアウトサイドショットを高確率で決めることができる

ANSWER

正答例

「ユーザーが3ポイントショットを放つかリピックする」

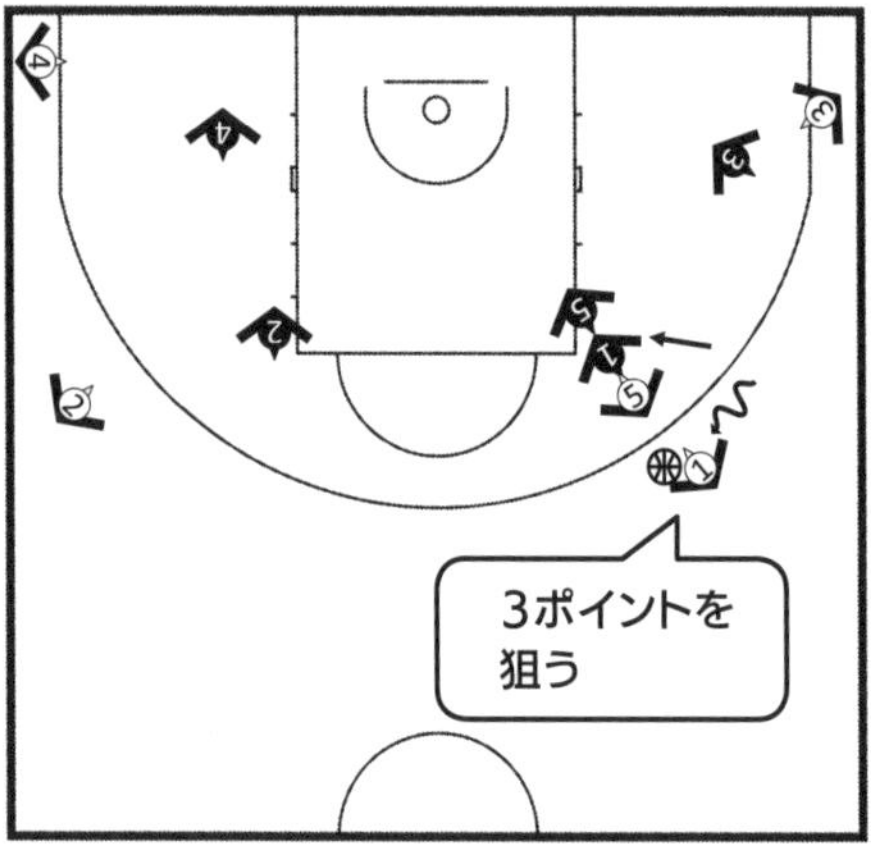

ゴール方向に⑤がいるため①はディフェンスされておらず、アウトサイドショットを狙える

オフェンスとディフェンスが並んでいる状態を利用する

ユーザー①はアウトサイドショットを高確率で決められるプレーヤーです。

ピック&ロールに対してユーザー①とマッチアップするディフェンス❶がアンダーで対応した場合、ユーザー①からゴール方向にオフェンス①、オフェンス⑤、ディフェンス❶か❺と並ぶ局面が生じます。この局面は、ユーザー①のゴール方向にスクリーナー⑤が位置している状態です。つまり、ユーザー①がディフェ

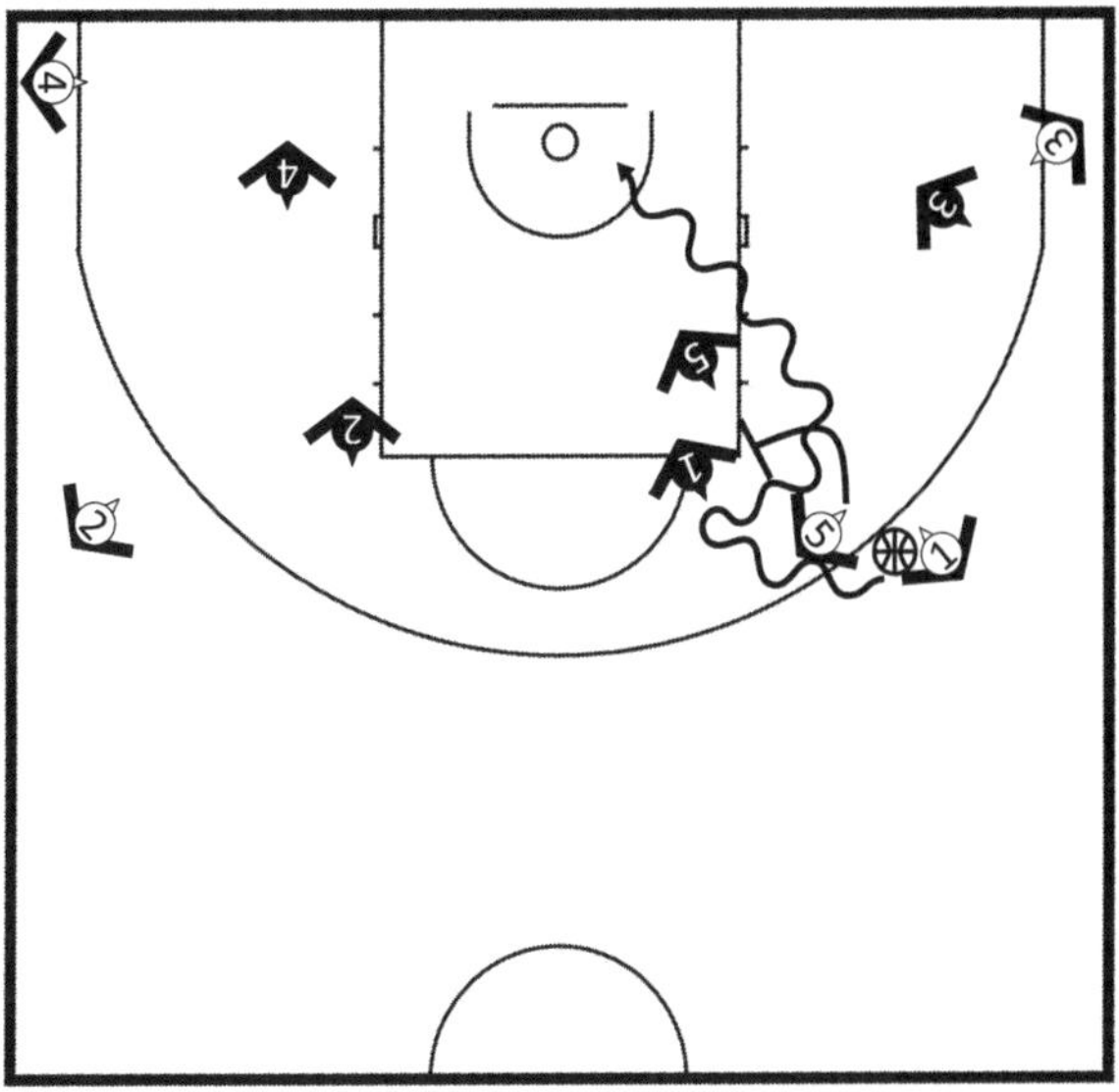

①のスクリーン利用後に⑤が❶にスクリーンをセットする「リピック」も有効になる

ンスされていない状態になります。したがって、この局面でユーザー①がアウトサイドショットを選択することが有効です。

また、ユーザー①によるスクリーン利用後、再びスクリーナー⑤が❶にスクリーンをセットするリピックも有効です。❶にとってはアンダーで対応した直後にスクリーンがセットされるため、スクリーンの回避が困難になります。もし、❶が再びアンダーを選択したとしても、ユーザー①は一つ目のスクリーンよりもゴールに近づいているので、成功率の高いショットを放つことができます。

QUESTION

問題 33

ディフェンス問題

オーバー&ヘッジでピック&ロールの阻止を狙うもユーザーのディフェンスがスクリーンに引っかかってしまった場合、ディフェンスはどうすべきでしょうか

オーバー&ヘッジで
ピック&ロール阻止を狙うも
ユーザーのディフェンスが
スクリーンに引っかかって
しまった場合はどうする？

自チームは●

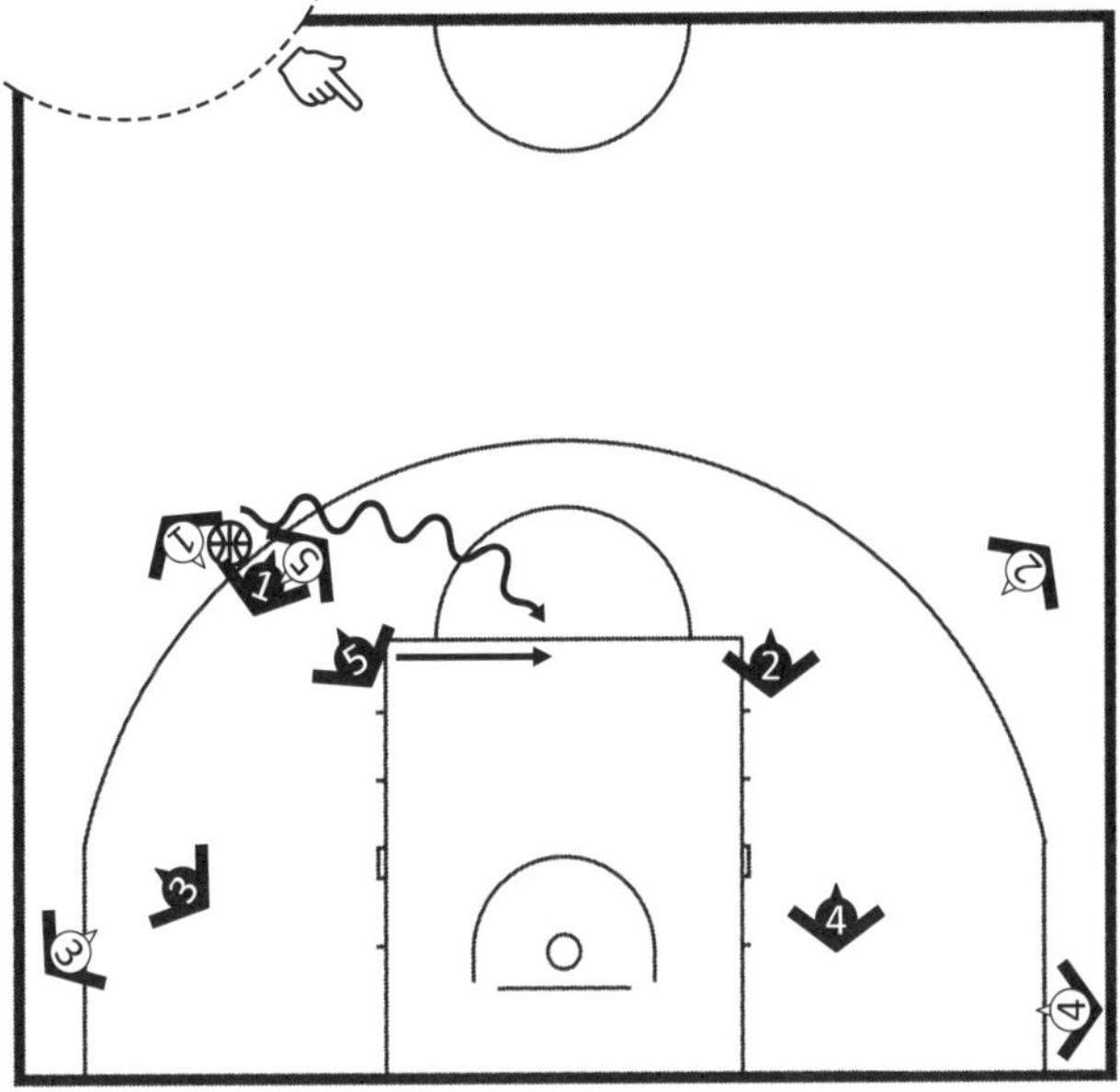

ANSWER

正答例

スイッチで対応する

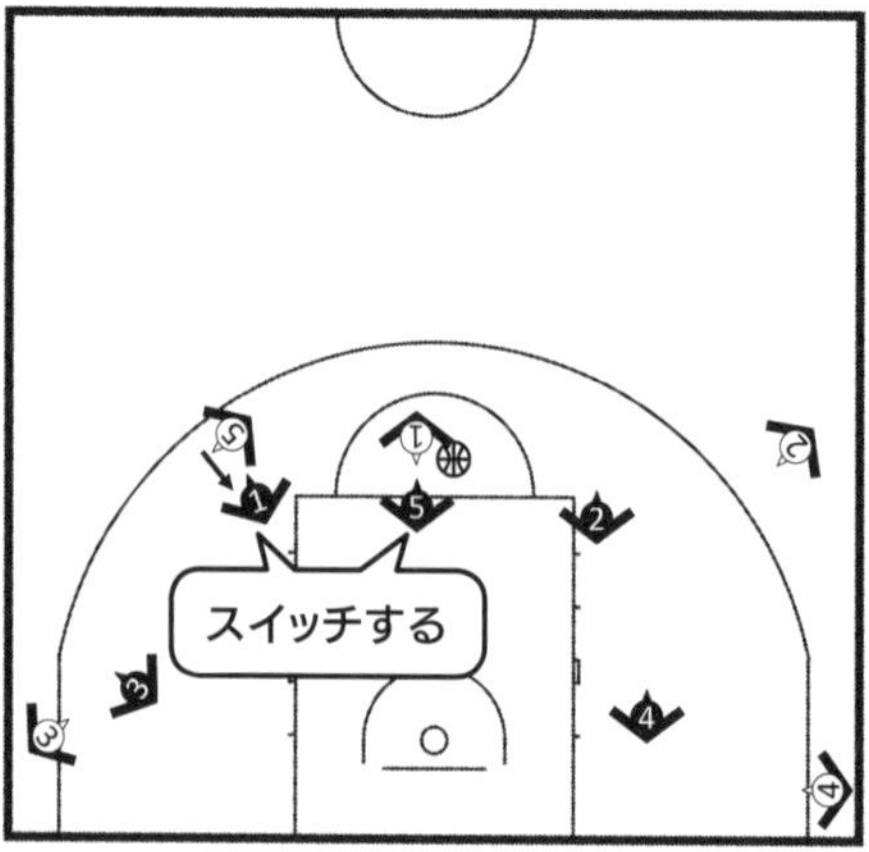

❶と❺はマッチアップするオフェンス①と⑤をスイッチする

マッチアップを交換してディフェンスを配置する

オーバー&ヘッジでピック&ロールの阻止を狙ったものの、ユーザー①とマッチアップするディフェンス❶がスクリーンに引っかかってしまったケースです。

この場合、①に対応してヘッジしたディフェンス❺は、スクリーナー⑤をディフェンスする位置に戻ることができません。なぜなら、得点できる唯一のプレーヤーはボールマンであり、ボールマンである①のドライブラインから❺が離れてしまう

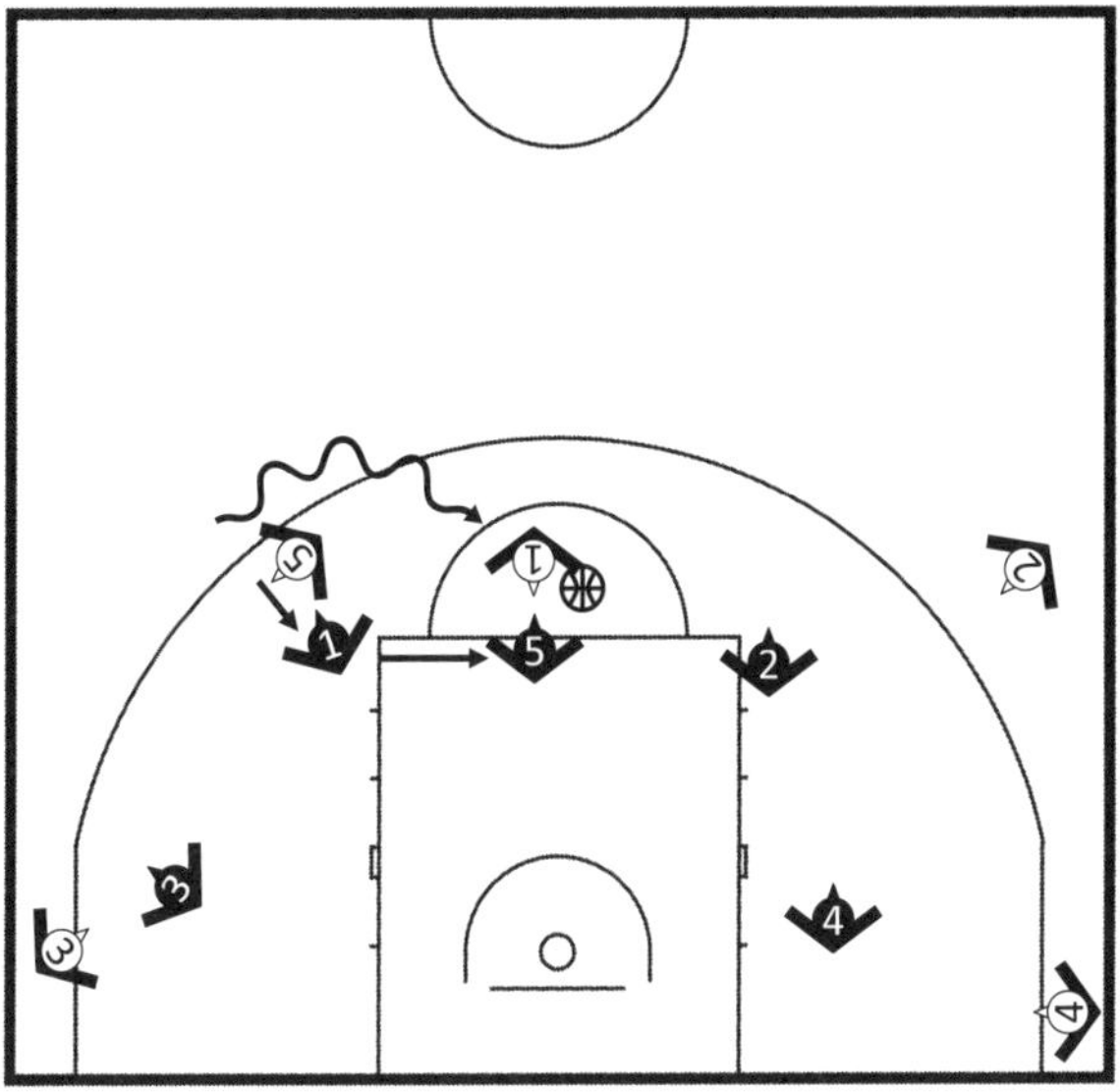

ディフェンスは、ピック&ロールにスイッチで対応することもできる

と、そのまま得点されてしまうからです。

　そこで、❶と❺でマッチアップするオフェンスプレーヤーを交換（スイッチ）します。つまり、❺はユーザー①とマッチアップし、❶はスクリーナー⑤とマッチアップするのです。

　スイッチによってディフェンス側は各オフェンスにディフェンスを配置することができます。もちろんスクリーンに引っかかった状況に限らず、ピック＆ロールにスイッチで対応することもできます。

QUESTION

問題

34

オフェンス問題

「スイッチでピック&ロールに対応してきた場合、オフェンスはどうすべきでしょうか」

自チームは○

ピック&ロールに
スイッチで対応してきた
場合にオフェンスは
どうする?

①❶は体格が劣るもののスピードのあるプレーヤー、
⑤❺は体格がよいもののスピードの劣るプレーヤー

ANSWER

正答例

「ミスマッチを利用する」

スピードのある①とスピードの劣る❺がマッチアップすることで、ドライブやショットといったプレーが有利に展開できる

体格とスピードのミスマッチ

ディフェンスがスイッチした場合、ピック&ロールに直接関わるプレーヤーの組み合わせによっては、ミスマッチが生じることがあります。オフェンスはこのミスマッチを利用して得点を狙います。

例えば、スピードのあるユーザー①にスピードの劣る❺がマッチアップした場合にはスピードのミスマッチを利用して、①は❺を簡単にドライブラインから外したり、間合いを変えたりして、高確率のショットを放つ機会を得る可能性

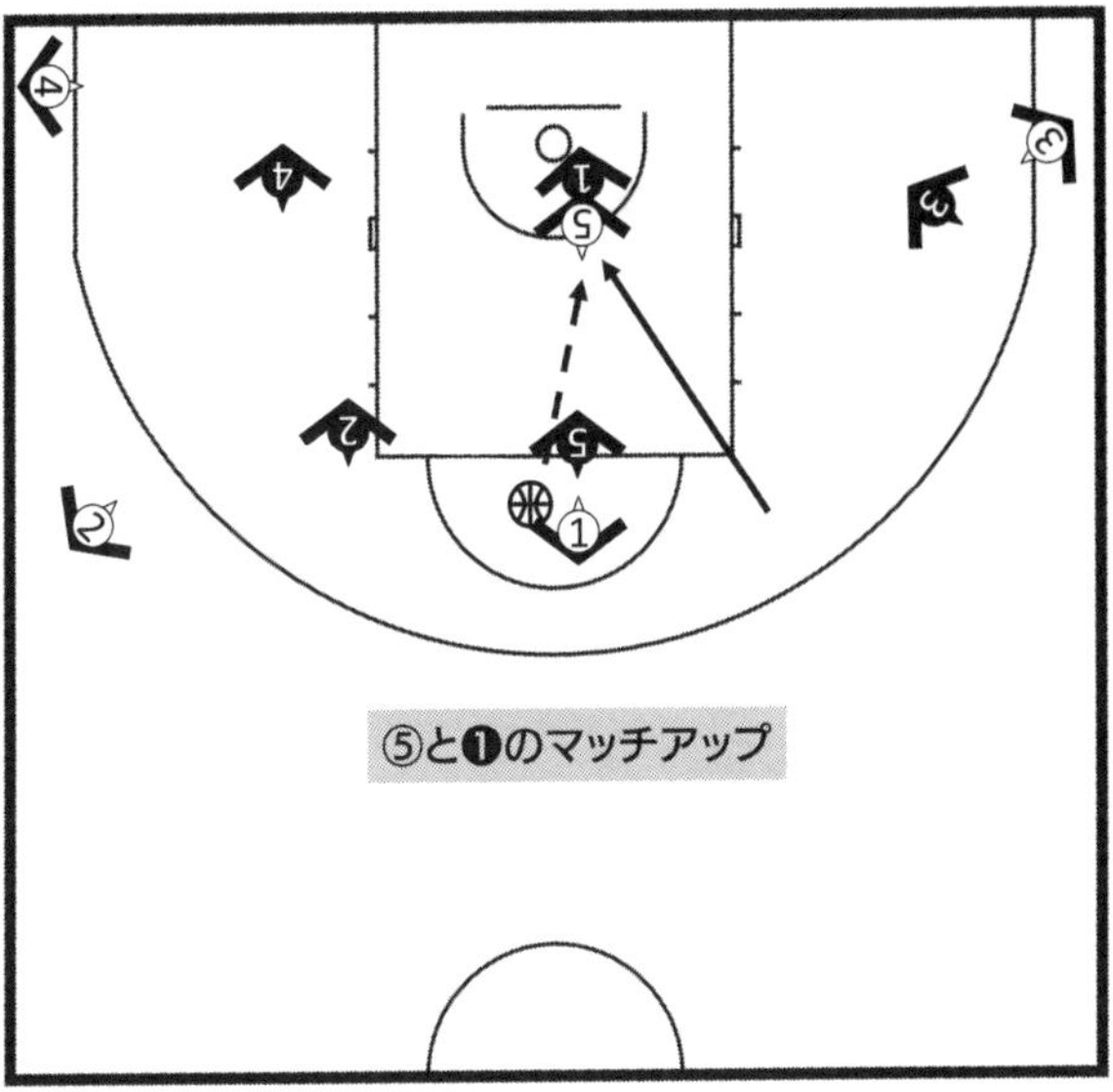

体格のよい⑤と体格の劣る❶がマッチアップすることで、⑤は❶をゴール付近まで押し込んでショットを放つことができる

が高まります。スピードのミスマッチを利用する際には、一旦味方にパスをして、すぐにリターンパスを受けてアタックするブーメランパス（ヒットバック）も有効です。

また、体格のよいスクリーナー⑤に対して体格の劣る❶がマッチアップした場合、⑤は体格のミスマッチを利用して❶をゴール付近まで押し込み、高確率のショットを放つことができますし、体格のミスマッチがあることでリバウンドの局面でも有効にプレーできます。

QUESTION

問題 35

ディフェンス問題

「オーバー&ヘッジに対応したものの、ユーザーがスーパーハンドラー※のためヘッジしたディフェンスが対応しきれない場合はどうすべきでしょうか」

※スーパーハンドラー：ボールハンドリングに優れているプレーヤーのこと

ヘッジした
ディフェンスが
対応しきれない場合は
どうする?

A N S W E R

正答例

ブリッツで対応する

ディフェンス❶と❺でスクリーンを利用した直後のユーザー①を挟み込む

ハンドラーからボールを手放させる

オーバー&ヘッジでピック&ロールを阻止しようとしたものの、ユーザーがスーパーハンドラーだというケースです。この場合、❶がディフェンスの位置を回復する前に、ヘッジしたディフェンス❺が抜かれてしまったり、プルアップを決められてしまうようであれば、ブリッツを選択します。つまり、ユーザーのディフェンス❶とスクリーナーのディフェンス❺とでスクリーンを利用した直後のユーザー①を挟み込むのです。

①がボールを保持している状況が最も得点されるリスクが高い場合には、まずは①の手からボールを離させることが必要になります。もちろん、①という1人のオフェンスに対して2人のディフェンスを割り当てるため、ボールのないエリアではディフェンスが数的に不利な状況になります。しかし、ボールのないエリアでの数的不利よりも①による得点のリスクが高い場合には、ブリッツをしてでも①からボールを手放させることが優先されます。

QUESTION

問題 36

ディフェンス問題

「ユーザー①にピックスクリーンを利用させたくない場合にディフェンスはどうすることができるでしょうか」

①にピックスクリーンを利用させたくない場合にどうする?

自チームは●

ANSWER

正答例

アイスする

サイドライン側にシフトすることで、ユーザー①によるピックスクリーンの利用を防げる

スクリーンとは反対側にシフトする

ピックスクリーンの利用に対するディフェンスの方法は数多く存在しますが、ユーザー①にピックスクリーンを利用させないように対応するアイスという方法があります。ユーザー①とマッチアップするディフェンス❶はスクリーン側に位置し、サイドライン側にシフトするアイスでピック&ロールに対応することにより、ユーザー①にピックスクリーンを利用させないようにできるのです。ただし、❶がユーザー①のドライブ

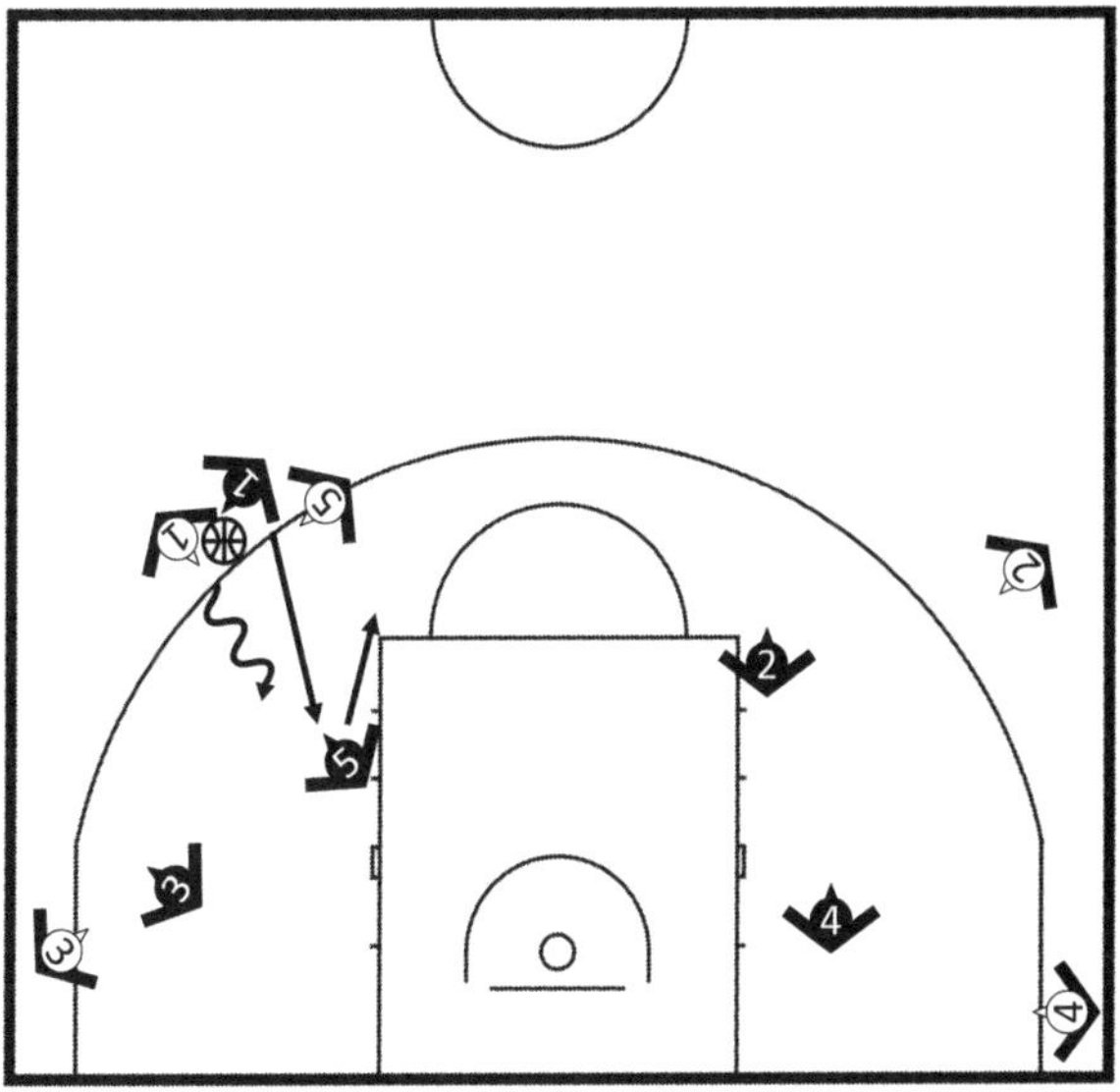

❺が⑤から一定の距離を保ちながらゴール側に位置してマッチアップを継続し、①のドライブラインをカバーする（コンテイン）

ラインから外れてしまいます。そこでスクリーナーディフェンス❺が、⑤から一定の距離を保ちながらゴール側に位置してマッチアップを継続します。さらにユーザー①のドライブラインをカバーするコンテインをします。❶が①をディフェンスする位置を回復した時点で、❺は⑤をディフェンスする位置に戻ります。この状況であれば、ユーザー①が向かうことのできる方向にはサイドラインやベースラインがあり、ユーザー①が利用可能なスペースやパスコースを限定することができます。

QUESTION

問題
37

オフェンス問題

「ディフェンスがピック＆ロールにアイスで対応してきた場合、オフェンスは何を選択できるでしょうか」

自チームは○

ディフェンスが
ピック&ロールに
アイスで対応してきた
場合にどうする?

スクリーナー⑤は高確率で3ポイントを決めることができる

A N S W E R

正答例

「スクリーナーのポップやフリップで攻める」

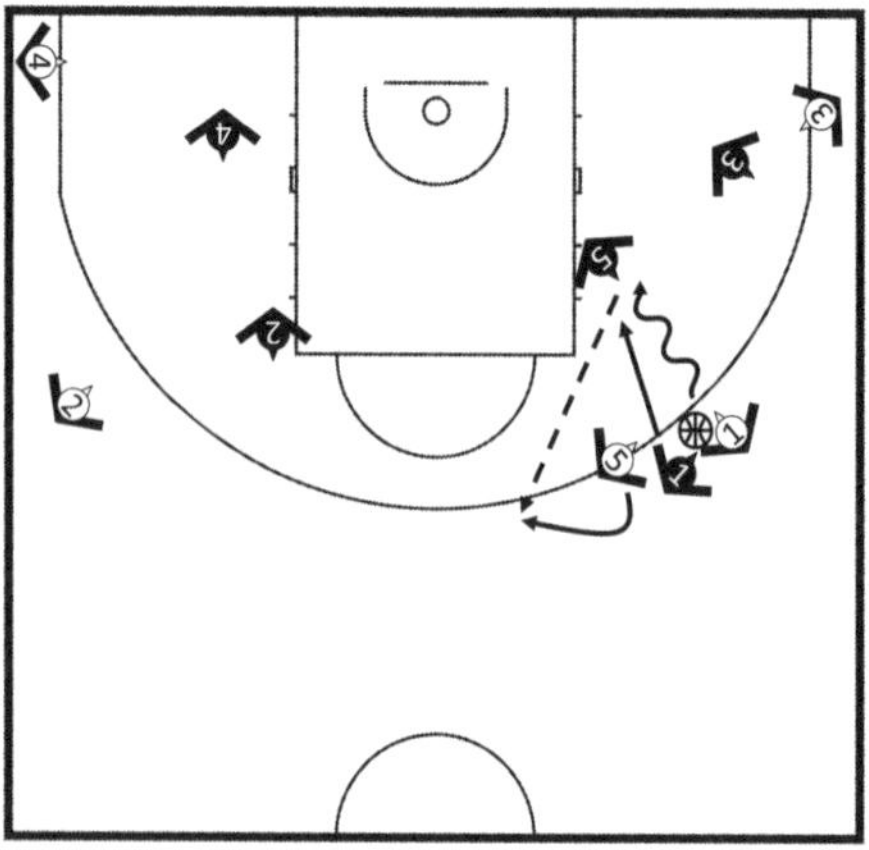

①がリングに向かってドライブラインを進む。❺は❶がディフェンス位置を回復するまで①のドライブラインから外れることができない

コンテインしているディフェンスから離れる

ディフェンスがピック&ロールにアイスで対応してきた場合、スクリーナー⑤が高確率で3ポイントを決めることができれば、ポップアウトが有効になります。

まず、ユーザー①がリングに向かってドライブラインを進みます。スクリーナーディフェンス❺はユーザーディフェンス❶が①のディフェンス位置を回復するまで、①のドライブラインから外れることができません。その間にスクリー

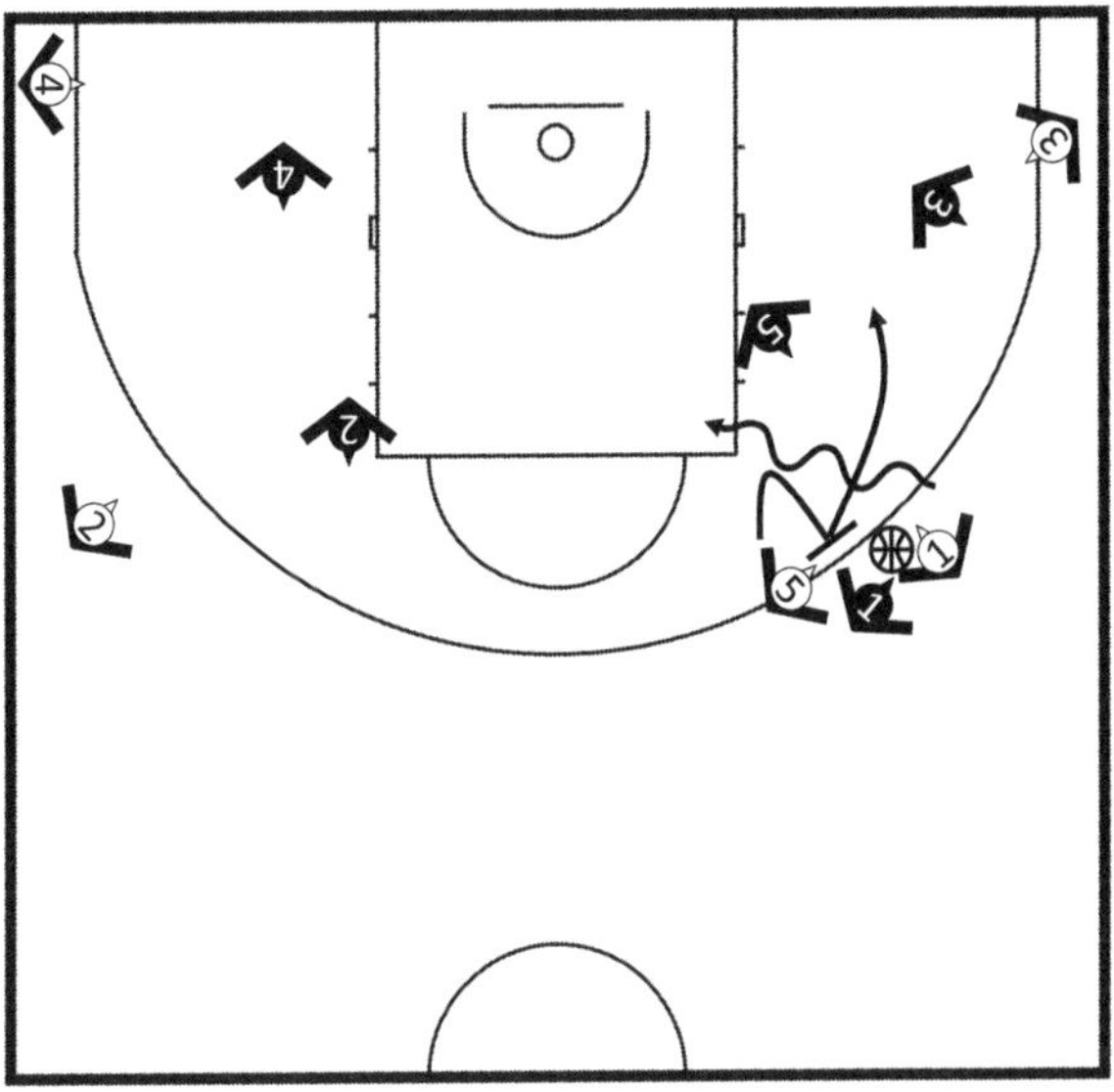

⑤がスクリーンのアングルを変える

ナー⑤がポップアウトし、①からのパスを受けて3ポイントショットを放ちます。スクリーナー⑤はポップアウトし、❺から離れたため、❺はスクリーナー⑤をディフェンスする位置に戻ることが困難になります。

また、スクリーナー⑤がユーザーディフェンス❶にアングルを変えてスクリーンをセットするフリップも有効です。ユーザーディフェンス❶にとってシフトしていたところにスクリーンがセットされるため、スクリーンの回避が困難になります。

コラム
COLUMN

バスケ脳（バスケIQ）が高いプレーベスト3

流通経済大学スポーツコミュニケーション学科 RKU BASKETBALL LAB“バスラボ”
市川沙紀・平賀かりん

私たちがバスケIQの高さを感じた3つのプレーを紹介します。

1つ目は2015年インカレ女子決勝戦の白鵬大学対筑波大学で、1Q4:21に筑波大学の藤岡選手は、スティールからファストブレイクを狙う場面で絶妙なパスを出しました。アウトナンバーの状況で味方のダイブするタイミングとDFの位置を瞬時に判断し、2度のパスフェイクでDFを引き付け、ゴール下にスペースを作り、もう1人の味方へとアシストしたのです。2度のパスフェイクから確実に得点へとつなげたプレーは、非常にバスケIQが高いプレーでした。 2つ目は2021年Bリーグファイナル第3戦の千葉ジェッツ対宇都宮ブレックスの3Q 8:30で見せた宇都宮ブレックス鵤選手のプレーです。ピック&ロールからジョシュ・スコット選手へ出したロブパスは見事にDFのリズムを崩し、ファウル獲得に成功します。鵤選手の冷静さと判断力、そしてバスケIQの高さはこの大事な局面でも発揮されました。3つ目に東京五輪の予選リーグでのスペイン対日本にて、3Q3:50でスペイン代表リッキー・ルビオ選手が見せた見事なドライブです。ウィングでボールを保持している場面で味方に出したサインはDFを油断させ、ビハインド・ザ・バックで一気にDFを抜き去りました。この1つのプレーから見られる判断と多くの技にはルビオ選手のバスケIQの高さを感じました。

第4章

ピック＆ロール vs チームディフェンス

QUESTION

問題
38

ディフェンス問題

「ピック&ロールにオーバー&ヘッジで対応した際、ヘッジするタイミングでスクリーナーがダイブした場合にディフェンスはどうすべきでしょうか」

ヘッジする
タイミングで
スクリーナーが
ダイブした場合に
ディフェンスは
どうする?
自チームは●
1
1
5
5
2
2
3
3
4
4

A N S W E R

正答例

タグを選択する

タグをして⑤のダイブをカバーする

ピック&ロールに直接関わらない③とマッチアップする❸がタグをして⑤のダイブをカバーする

得点されるリスクの高いプレーヤーを抑える

このピック&ロールで最も危険なプレーヤーは、ボールを保持しているユーザー①です。そのため①には、必ずディフェンスを配置したいものです。

オーバー&ヘッジでピック&ロールに対応する場合には、❶が①のドライブラインから外れている間、ユーザー①のドライブラインを❺が潰しにいきます。ところがユーザー①のドライブラインを❺が潰している間に⑤がダイブすると、❺は⑤のダイブに対応することができないため、ゴール付近でノーマークのショットを放たれてしまいます。

そこでピック&ロールに直接関わらないオフボールマン③とマッチアップするディフェンス❸がタグをし、⑤のダイブをカバーします。

以前にも紹介したようにショット距離とショット成功率とは反比例の関係にあるので、③よりも⑤のほうが得点されるリスクの高いオフボールマンになります。したがって❸は③から離れてタグをして⑤のダイブを阻止します。また、タグはスクリーナー⑤によるスリップに対しても有効です。

QUESTION

問題
39

オフェンス問題

「スクリーナーのダイブに対してオフボールマンのディフェンスがタグした場合にどう動くことが有効でしょうか」

自チームは○

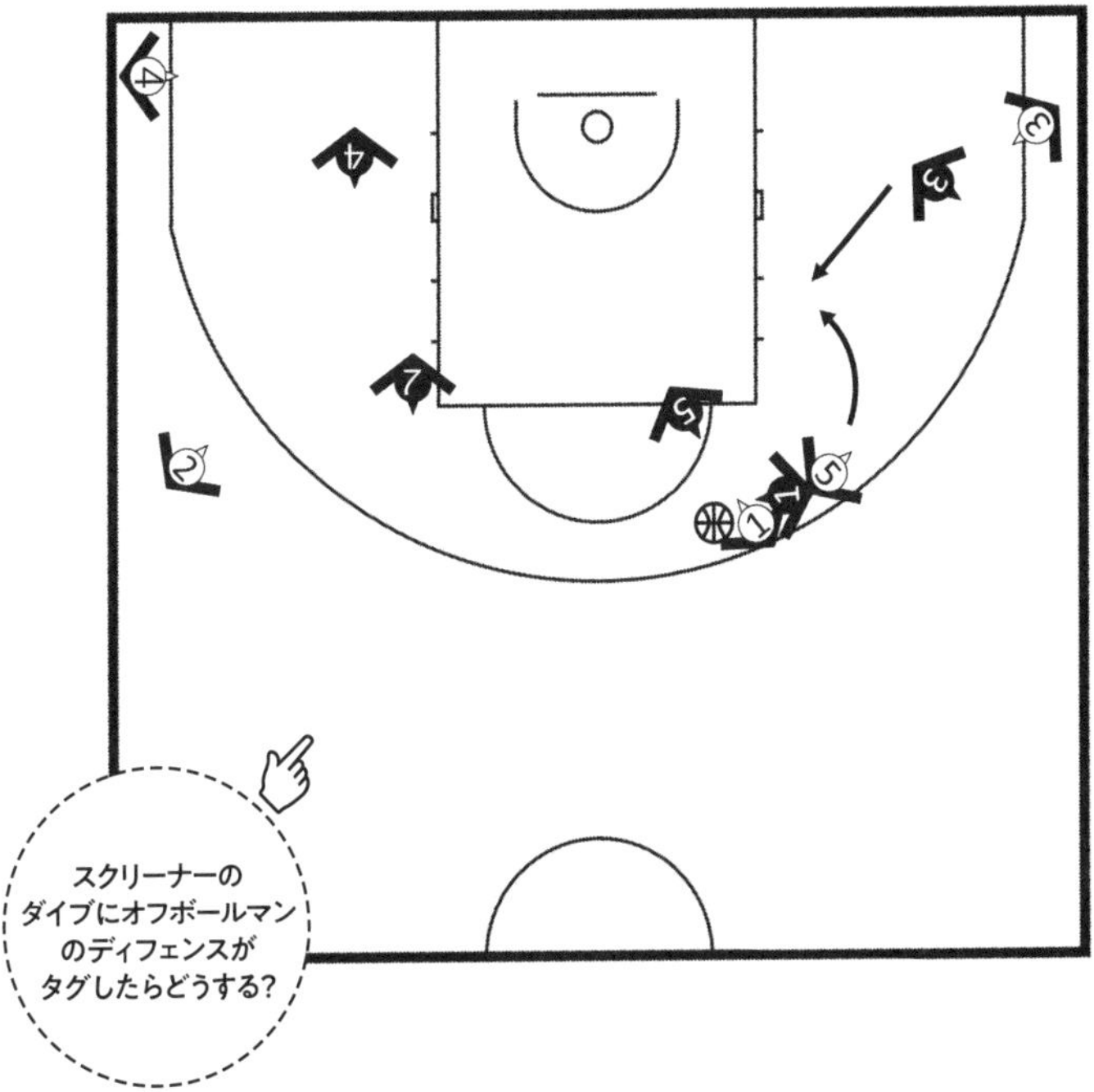
スクリーナーの
ダイブにオフボールマン
のディフェンスが
タグしたらどうする?

ANSWER

正答例

リフトする

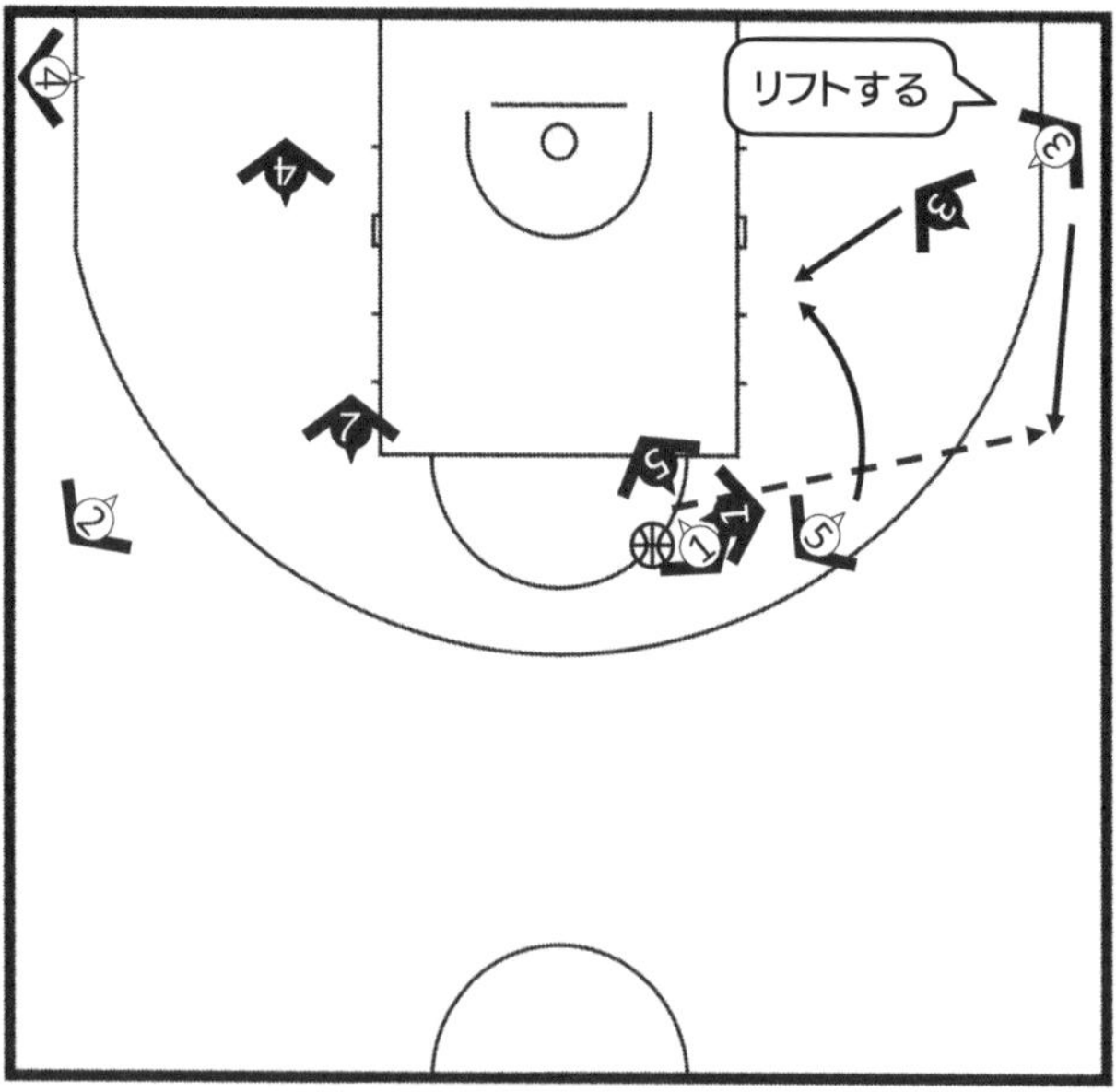

③はリフトをすることでよりオープンな状況を作り、①からパスを受けてノーマークで3ポイントショットを放つ

カバーしたディフェンスから離れる

スクリーナー⑤のダイブに対して、ピック＆ロールに直接関わらないオフボールマン③とマッチアップするディフェンス❸がタグをしたケースです。

この❸のタグによって、❸とマッチアップしていた③はノーマークになります。そのため③は①からパスを受け、ノーマークで3ポイントショットを放つことができます。ただし、③がよりオープンな状態になるためには、スクリナー⑤のダイブに合わせて、リフトすることが有効になります。

③がリフトすることでマッチアップするディフェンス❸との間にスクリーナー⑤を挟むため、また❸がタグした位置が低い場合には❸から離れるため、❸は③をディフェンスする位置に戻ることが困難になります。またスクリーナー⑤のダイブに合わせてオフボールマン③がリフトすることで、⑤のダイブに対する❸によるタグを難くすることができるともいえます。さらにリフトはスクリーナー⑤がスリップした場面や、インサイドでミスマッチを利用する場面でも有効です。

QUESTION

問題
40

ディフェンス問題

ユーザーディフェンス❶とスクリーナーディフェンス❺によるスイッチよりもミスマッチを小さくし、ピック&ロールにスイッチ対応するにはどうすることができるでしょうか

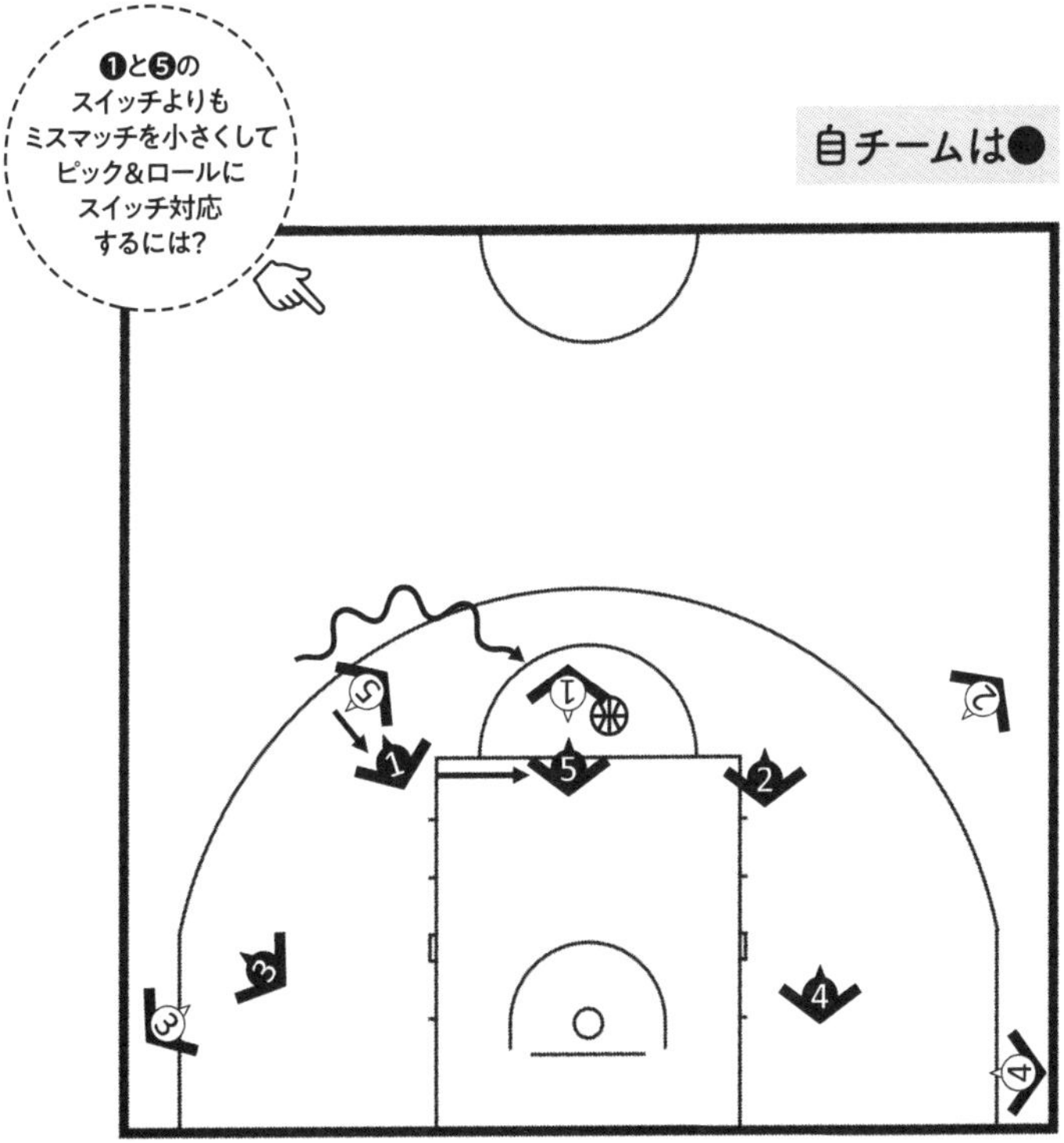
❶と❺の
スイッチよりも
ミスマッチを小さくして
ピック&ロールに
スイッチ対応
するには?
自チームは●

①❶は体格が劣るもののスピードがある
⑤❺は体格がよいもののスピードが劣る
③❸は体格もスピードも①❶と⑤❺の中間

ANSWER

正答例

「トライアングルスイッチ（マルティプルスイッチ）で対応する」

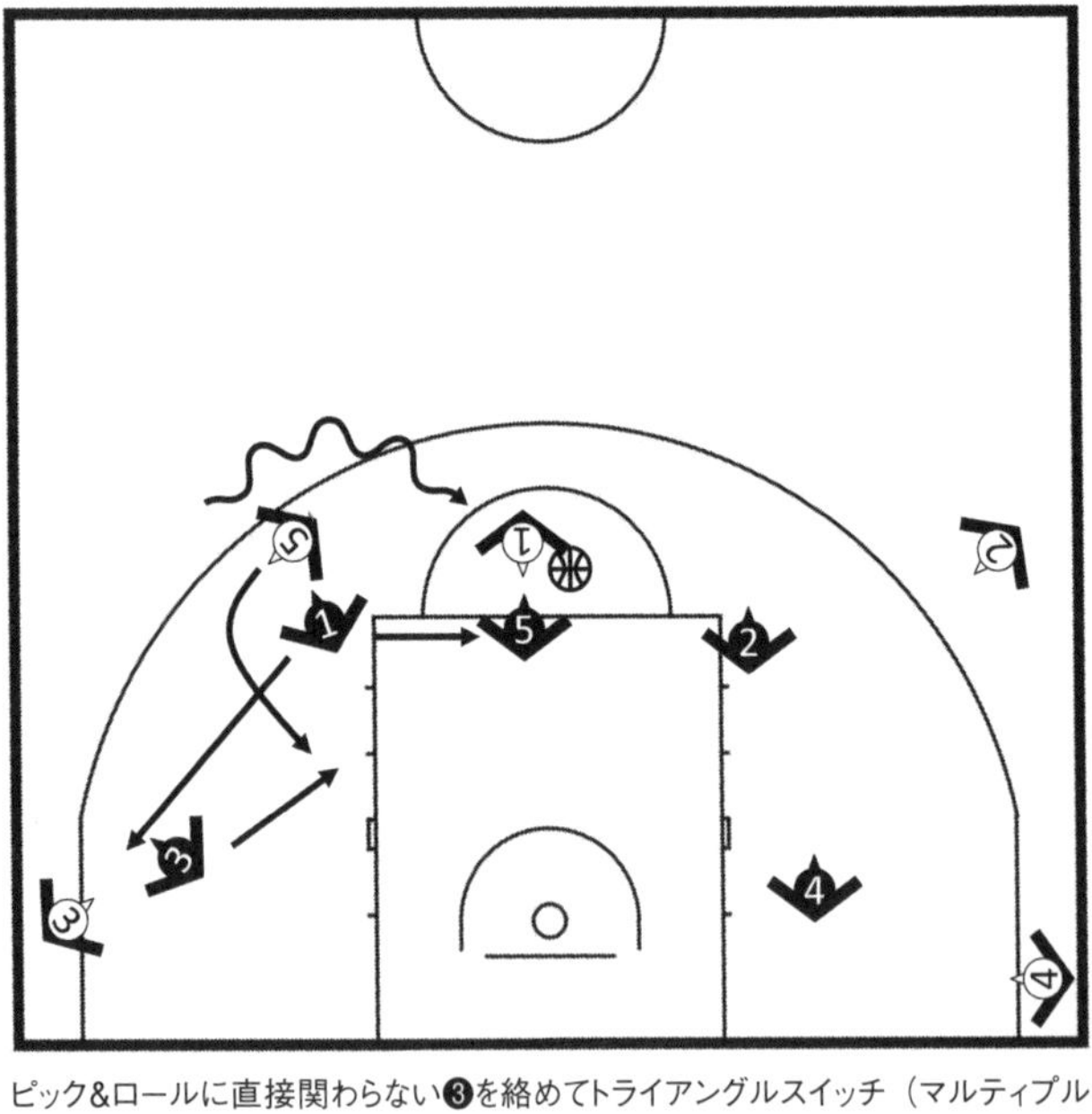

ピック&ロールに直接関わらない❸を絡めてトライアングルスイッチ（マルティプルスイッチ）をする

複数のスイッチでミスマッチを最小限にする

体格が劣るもののスピードのあるユーザー①とそのディフェンス❶や、体格がよいもののスピードの劣るスクリーナー⑤とそのディフェンス❺のマッチアップでは、ピック＆ロールに対してスイッチをしてしまうと大きなミスマッチが発生します。そこで、ピック＆ロールに直接関わらない、オフボールマン③とマッチアップするディフェンス❸を絡めてトライアングルスイッチ（マルティプルスイッチ）をします。

スクリーナー⑤と❸がマッチアップし、③には❶がマッチアップします。依然としてユーザーと①スクリーナーディフェンス❺間のスピードのミスマッチは拭いきれませんが、③と❸は体格もスピードも①❶と⑤❺の中間のプレーヤーになるので、ユーザーディフェンス❶がスクリーナー⑤とマッチアップするよりも、体格でのミスマッチを軽減することができます。ただし、トライアングルスイッチ（マルティプルスイッチ）は複雑になるため、十分な練習が必要になります。

QUESTION

問題
41

オフェンス問題

ディフェンスにダイブ&リフトに
対応される状況が続く場合、
オフェンスは何を選択すべきでしょうか

自チームは○

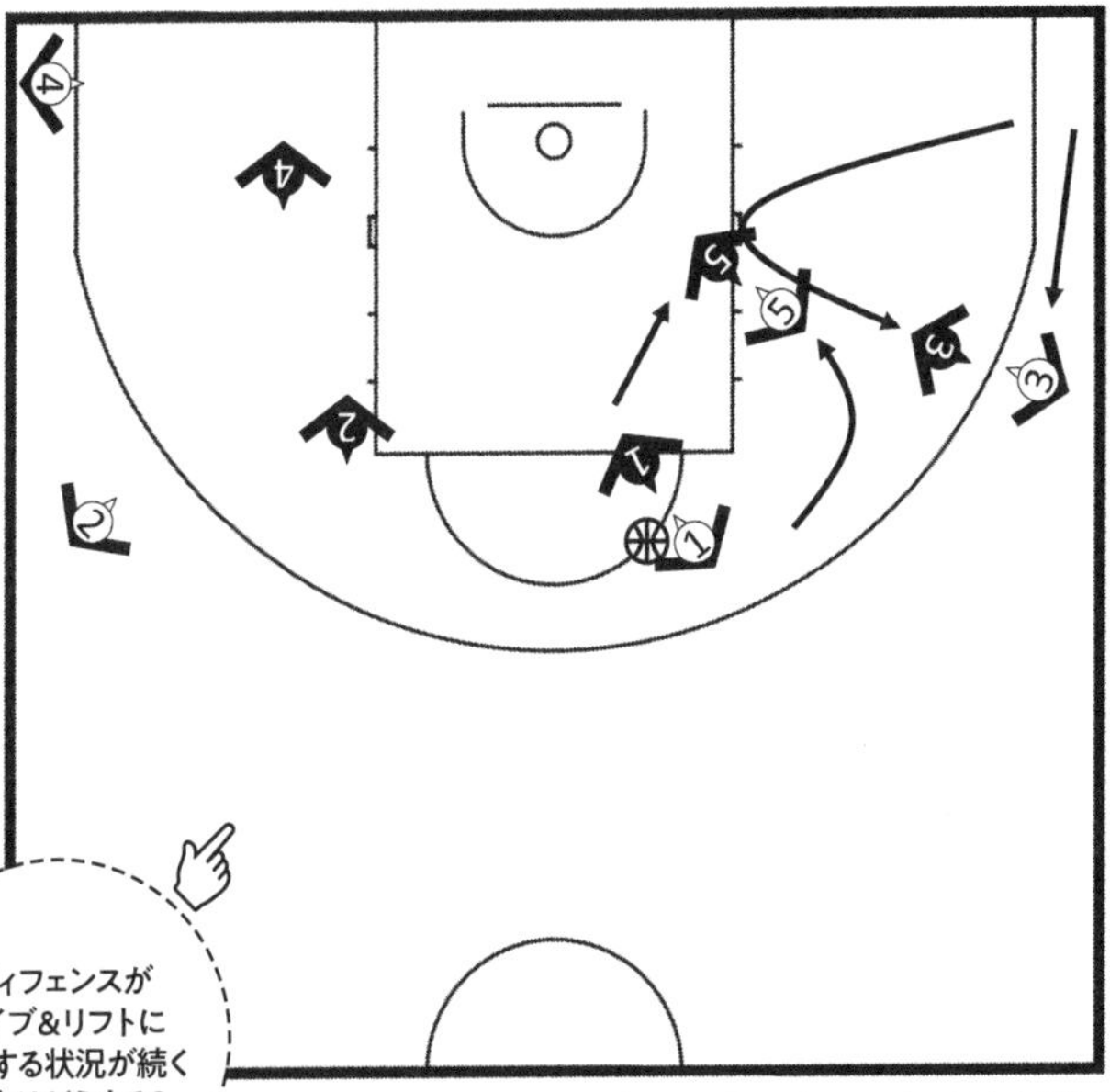

ディフェンスが
ダイブ&リフトに
対応する状況が続く
場合はどうする?

タグするプレーヤーの動きが素早かったり、スイッチされたりする

ANSWER

正答例

2メンサイドでピック&ロールを仕掛ける

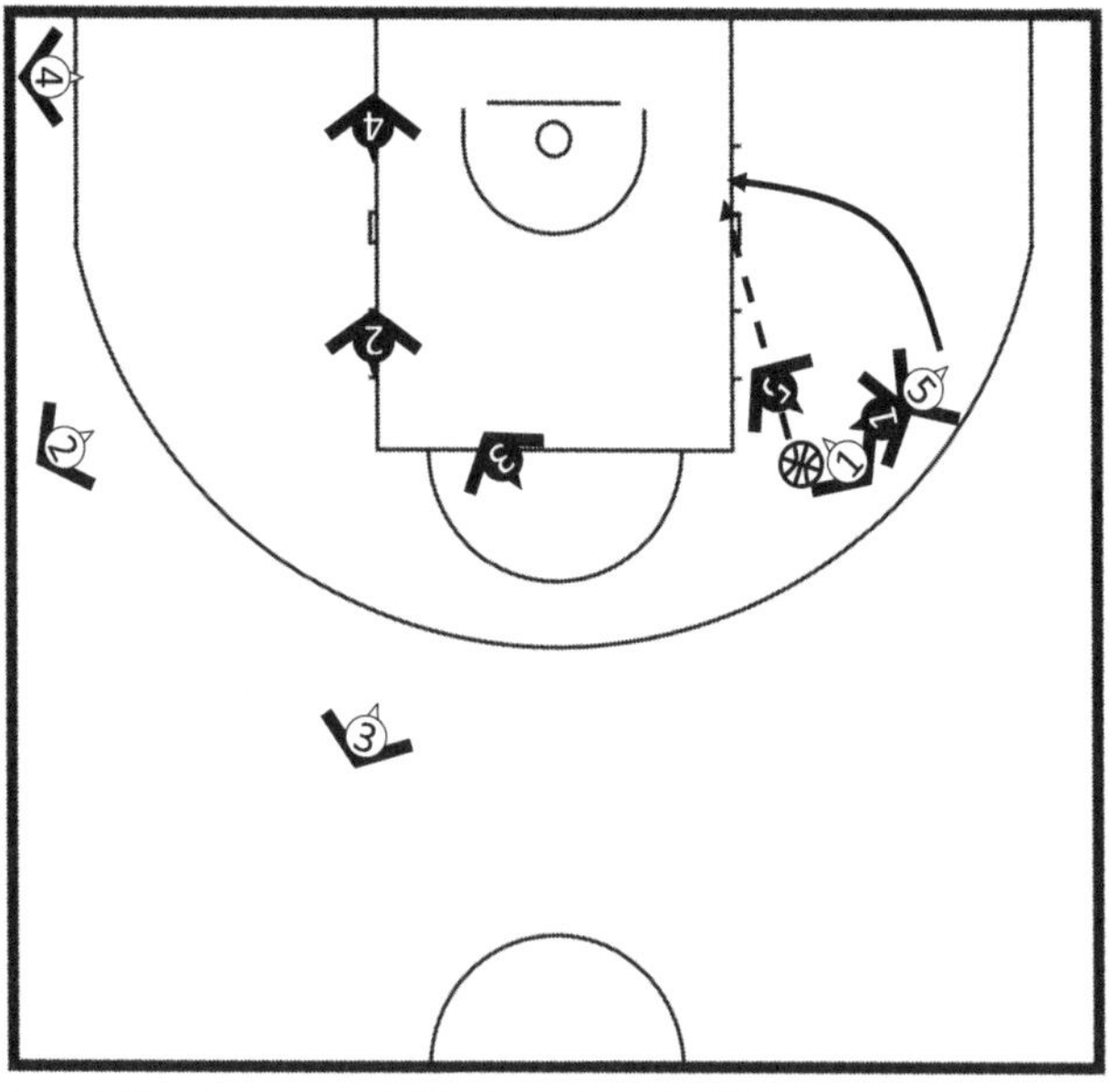

2メンサイドでピック&ロールを行うことで、⑤のダイブ方向のオフボールマンディフェンスをなくす

タグが可能なディフェンスをなくすアライメント

タグするプレーヤーの動きが素早かったり、スイッチされたりしてディフェンスにダイブ＆リフトを対応される状況が続く場合、タグが可能なディフェンスをなくすアライメントをとることが有効になります。ピック＆ロールに直接関わらないオフボールマン②、③、④をウィークサイドに配置し、2メンサイドでピック＆ロールを行うことにより、スクリーナー⑤がダイブする方向に位置するオフボールマンをなくします。スクリーナー⑤がダイブする方向に位置するオフボールマンをなくすことにより、タグが可能なディフェンスがいなくなります。したがって、スクリーナー⑤はディフェンスに邪魔されることなくダイブすることができます。

ただし、ディフェンス側がダイバー⑤にウィークサイドに位置するオフボールマン④のディフェンス❹を割り当て、ウィークサイド側のオフボールマン3人を2人のディフェンスプレーヤー❷、❸でゾーンディフェンスのように守る対応をしてくる可能性も考えておく必要があります。

QUESTION

問題
42

ディフェンス問題

ボールサイド側のオフボールマン③がスーパーシューターである場合、ディフェンスはピック&ロールにどのように対応すべきでしょうか

③がスーパーシューターの
場合、ディフェンスは
ピック&ロールに
どう対応する?
自チームは●
1
5
2
3
4
1
5
2
3
4

②と④はスーパーシューターではないが、3ポイントがある
⑤のアウトサイドショット成功率は極めて低い
❺は非常に動きが遅い

ANSWER

正答例

「ネクスト」や「ドロップ&ジャンプスイッチ」で対応する

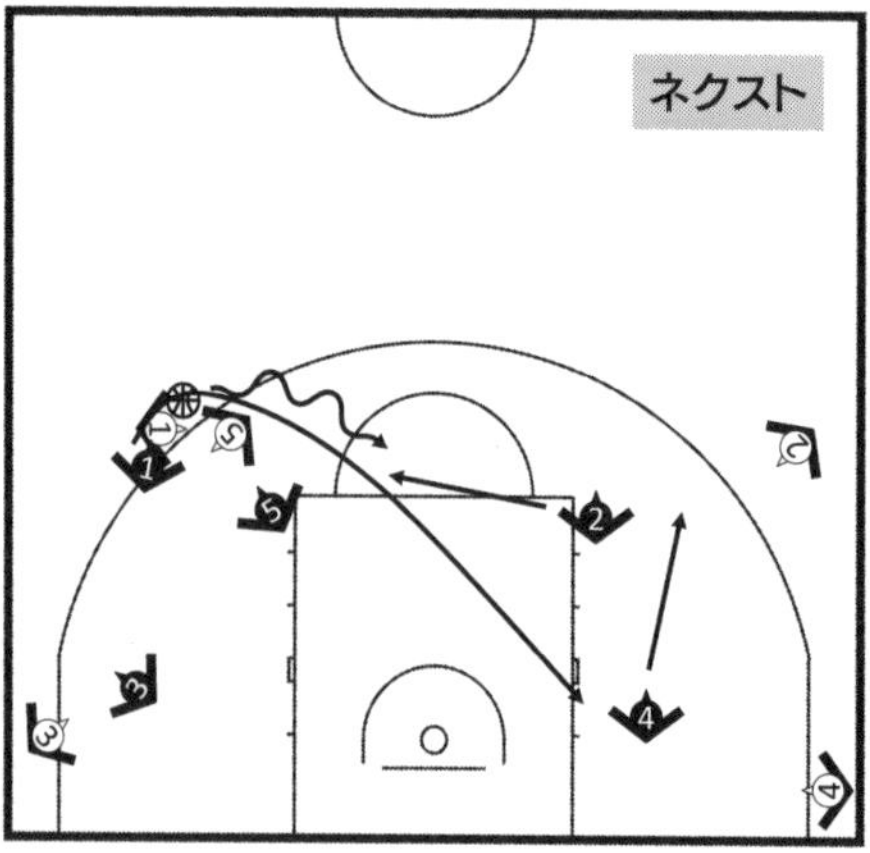

❶と❷、❹でローテーションをし、各オフェンスプレーヤーにディフェンスを配置する（ネクスト）

ウィークサイド側のオフボールマンのディフェンスと協力して対応

　ボールサイド側に位置するオフボールマン③がスーパーシューターというケースです。この状況ではピック&ロールで⑤がダイブしたとしても、❸は③から離れて⑤をタグすることが難しくなります。そこでウィークサイドに位置するオフボールマン②、④とマッチアップするディフェンス❷、❹と協力してピック&ロールに対応します。

　1つは❶と❷、❹でローテーションをして、各オフェンスプレーヤー

❺がドロップしてゴール付近のスペースを潰している間に、❶と❷とでスイッチをする（ドロップ&ジャンプスイッチ）

にディフェンスを配置するネクストになります。ネクストでは、動きの遅い❺をローテーションには加えません。

もう1つは❺がドロップしてゴール付近のスペースを潰している間に、❶と❷とでスイッチをするドロップ&ジャンプスイッチです。⑤にはアウトサイドショットがないので❺のドロップが可能になります。

この他にも、❺がドロップし、❷がヘッジして①のドライブラインを潰している間に❶が①をディフェンスする位置を回復するドロップ&スタントなどの方法があります。

QUESTION

問題

43

オフェンス問題

「ディフェンスがピック&ロールにネクストで対応してきた場合、オフェンスはどうすべきでしょうか」

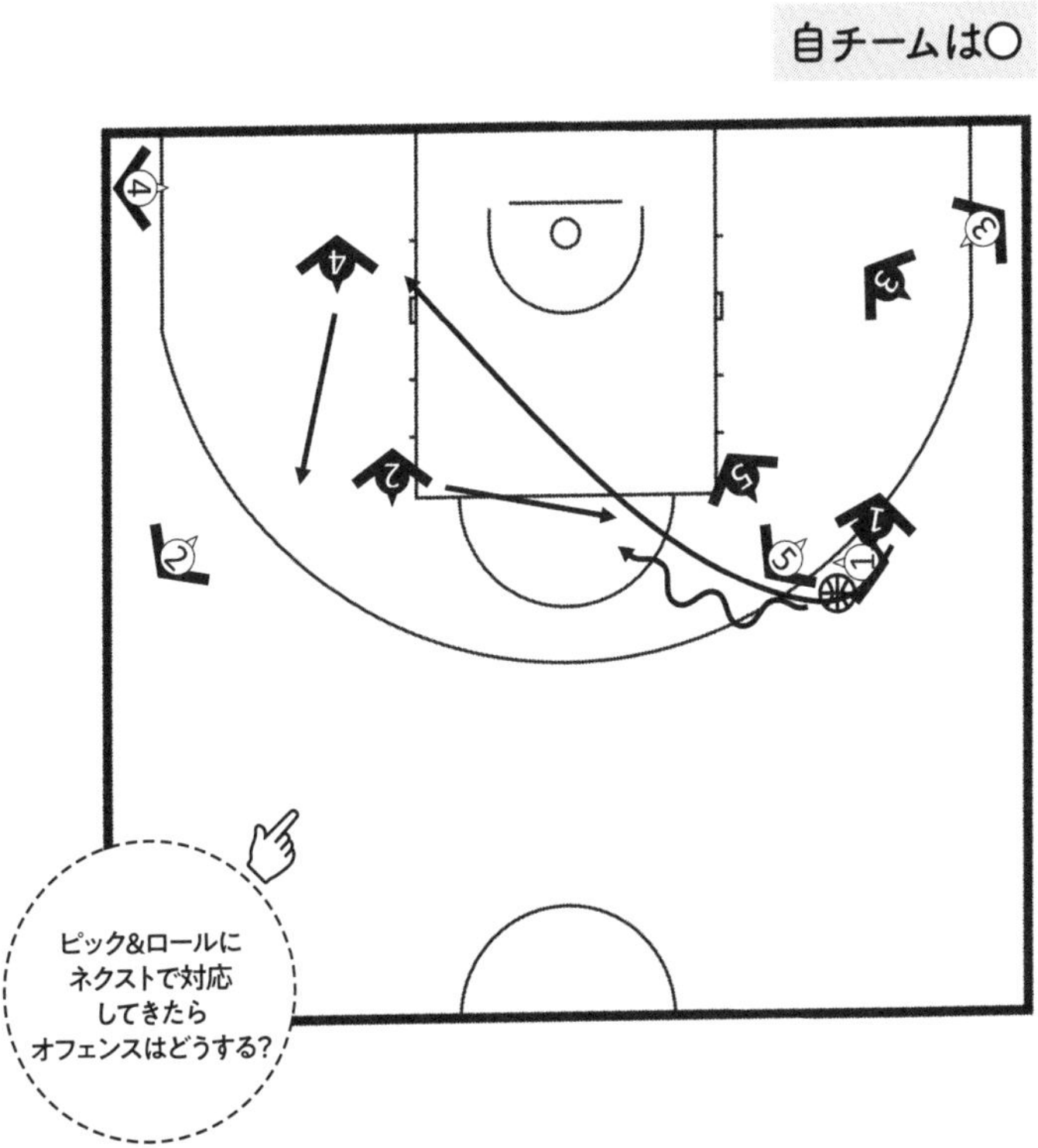
自チームは○
4
4
3
3
2
5
1
2
5
1
ピック&ロールに
ネクストで対応
してきたら
オフェンスはどうする?

ANSWER

正答例

「ウィークサイドの オフボールマンによるカット」

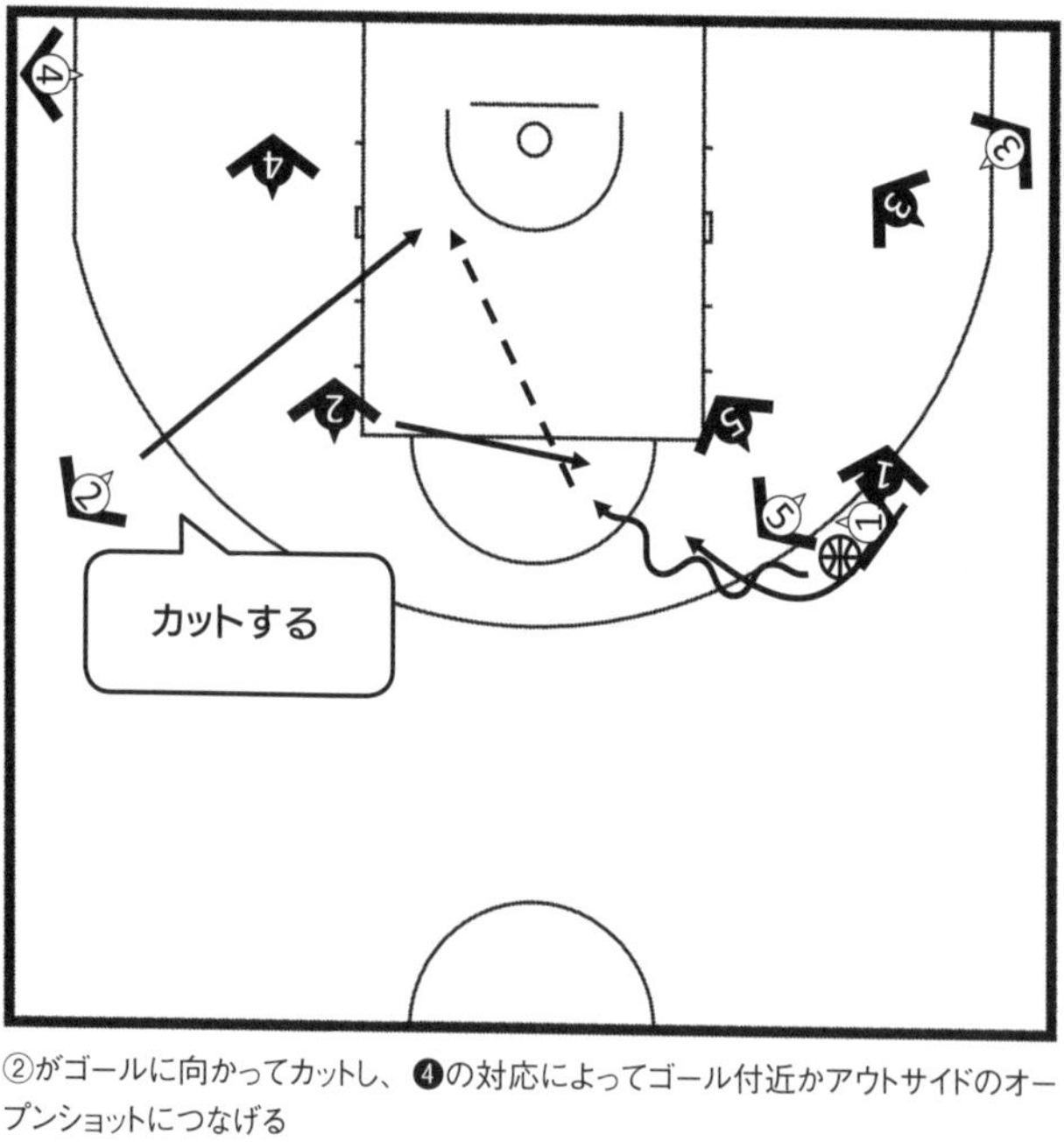

②がゴールに向かってカットし、❹の対応によってゴール付近かアウトサイドのオープンショットにつなげる

空いたスペースに侵入する

ネクストではスクリーナー⑤とマッチアップするディフェンス❺の位置が変わらないため、⑤によるダイブは難しい状態です。しかし、ユーザー①とマッチアップするディフェンス❶はローテーションで移動する距離が長くなるため、一時的に❹が1人でウィークサイドに位置するオフボールマン②と④の2人をディフェンスするゲッツーの状態になります。そこでウィークサイドのセンターライン側に位置する②が、ゴールに向かってカットします。

❹は目の前を通過する②に対応せざるを得ません。もしも❹が②に対応しなければ、ゴール付近に侵入した②にユーザー①からのパスが出され、イージーショットにつながってしまうからです。

一方で❹に②のカットへと対応させることで、④はユーザー①のパスを受けてオープンショットを放つことができます。ローテーションの距離が長い❶は、④のショットに間に合いません。

おわりに

本書の問題によって、皆さんの思考は刺激されたでしょうか。
はじめにでも述べたように、本書の回答は正答例であり、絶対的な「解」ではありません。読者の皆さんが様々な設定で、納得できる「解」を導き出すことが重要になります。

現在はＶＵＣＡ時代といわれています。ＶＵＣＡとは「Ｖｏｌａｔｉｌｉｔｙ（変動性）」、「Ｕｎｃｅｒｔａｉｎｔｙ（不確実性）」、「Ｃｏｍｐｌｅｘｉｔｙ（複雑性）」、「Ａｍｂｉｇｕｉｔｙ（曖昧性）」の頭文字をとったものです。つまり、現代は変動が激しく、不確実なことが多く、様々な要素が複雑に絡み合い、絶対解が導き出せない曖昧な時代ということを意味します。

バスケットボールもこの例に漏れず、ゲーム分析などのテクノロジー開発の変動が激しく、ルール改正が今後どのように進んでいくか不確実であり、戦術は目的やスキル、状況などの様々な要因が複雑に絡み合い、ゲームの流れを変える方法などは絶対的な方法が見つからない曖昧な状態です。ここで、我々に求められ

るのは、絶対的な「解」を導き出すことではなく、よりよい方法を模索し続けることであり、その方法を実行することです。

実行する際には、プレーヤーもコーチもその方法を信じて行動に移すことが大切であり、重要なことは、方法の良し悪しではなく、チームとして同じ方向を向くことです。実行した方法が上手くいかなければ修正し、上手くいけばよりよい方法を模索します。そして、また実行するといったサイクルを繰り返していくのです。

我々は、いつまでたっても絶対的な「解」を得ることができないかもしれません。だからこそプレーヤーもコーチも、よりよい方法を求めて常に学び続ける必要があると思います。

私たち筆者は、我々が学び続けることでよりよいバスケットボール界が築かれていくことと信じています。さあ、ここからがスタートです。次のシーズンも私たちと一緒に学び続けていきましょう。

安齋竜三
小谷究

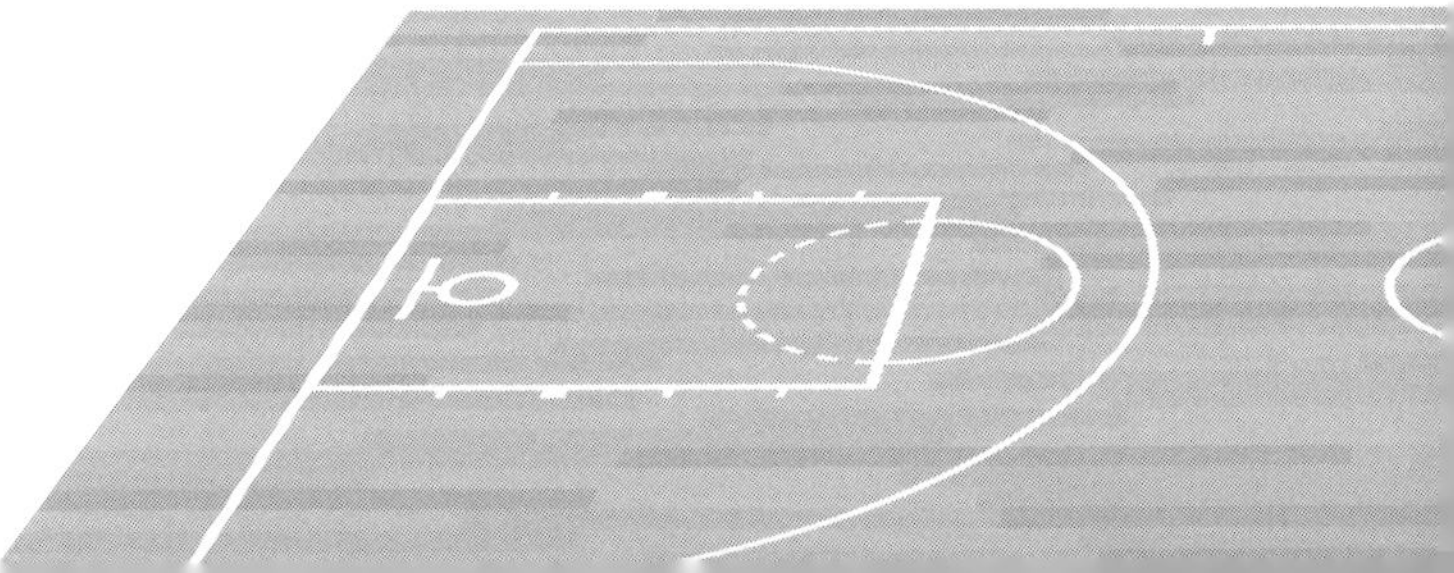

安齋竜三（あんざい・りゅうぞう）

1980年福島県生まれ。宇都宮ブレックスヘッドコーチ。拓殖大学卒業後、大倉三幸、大塚商会を経て、bjリーグの埼玉ブロンコスに入団。2007年に栃木ブレックスへ移籍。2009-10シーズンからはキャプテンを務めチーム初優勝に貢献する。2013年の現役引退後は栃木ブレックスのアシスタントコーチに就任し2016-17シーズンのB.LEAGUE優勝の一役を担う。2017年よりヘッドコーチに就任する。

小谷 究（こたに・きわむ）

1980年石川県生まれ。流通経済大学スポーツ健康科学部スポーツコミュニケーション学科准教授。流通経済大学バスケットボール部ヘッドコーチ。日本バスケットボール学会理事。日本バスケットボール協会指導者養成部会部会員。日本バスケットボール殿堂『Japan Basketball Hall of Fame』事務局。日本体育大学大学院博士後期課程を経て博士（体育科学）となる。

●企画・編集・構成	佐藤紀隆（株式会社Ski-est）　稲見紫織（株式会社Ski-est）
●デザイン	三國創市（株式会社多聞堂）
●オビ写真提供	宇都宮ブレックス
●校正	校正舎　楷の木
●制作協力	小泉瑛嗣、関根加琳、市川沙紀、平賀かりん

「次はどう動く？」バスケットボール脳を鍛えるプレー問題集

2021年10月1日　初版第1刷発行
2024年8月10日　初版第4刷発行

著　者　安齋竜三 小谷 究
発行者　廣瀬和二
発行所　辰巳出版株式会社
〒113-0033 東京都文京区本郷1-33-13　春日町ビル5F
TEL　03-5931-5920（代表）
FAX　03-6386-3087（販売部）
URL　http://www.TG-NET.co.jp

印刷・製本所　中央精版印刷株式会社

ISBN 978-4-7778-2824-1 C0075